那樣就想成爲作家？只怕你會先餓死！

你寫的東西爲什麼沒人看？
如何讓自己靈感大爆發？
成爲作家前須了解的 84 件事

從零開始的作家必修課

想靠文字養活自己，別人都說你不切實際？
麵包與夢想眞的只能選一個？誰說一定要放棄跟犧牲！
俗話說天下文章一大抄，寫作的靈感從何而來？
掌握好這84個關鍵，成爲作家其實超簡單！

周成功，韓立儀 著

目錄

前言

前言

在很多人的心目中，作家是神聖的，他們也希望有朝一日能成為作家，但要知道成為作家並不是輕而易舉的事情。由此很多人懷抱著夢想，卻最終難以實現。

難道成為作家是不可能的嗎？答案是否定的！任何人都可能成為作家，關鍵是要掌握成為成功作家的祕訣。

只有掌握了成為成功作家的祕訣，我們才能嚴於律己，規範自己的行為。否則斗轉星移，流星追月，只會被淘汰。

誰想風光一時到後來被淘汰呢？作家也不想從被別人所敬愛到被別人所遺忘，進而被歷史所洗滌。

只有出色的作家才能經得起時間的考驗，才能數百年、上千年之後依然閃爍著光芒。

試想，人類歷史已經有數不清的年代，作家也窮出不盡，然而能讓人記住的，並不是曇花一現的，究竟能有多少個呢？或許屈指可數，但哪個作家不想成為那些鳳毛麟角中的一員呢？

要是沒有成為出色作家的念頭，整天過著錦衣玉食的生活，大肆吹噓自己，若干年後就會被冷落；只有畢恭畢敬，全心全意付出，才會牢記在人們的心頭，為後世留下可貴的精神財富。本書正是從這些方面出發，讓你成為一個出色的作家。

當然有的人就說，他們想成為作家只不過是隨便寫寫罷了。但要知道人生不過一百年，如果你隨隨便便，豈不是荒廢此生了？

我們要善待今生，而今生我們能做的事情很多，只有成為出色的作家才能讓我們無所悔憾，不會人生落寞，不會若干年後悄無聲息。

成為出色的作家並不是讓我們巧於功名，要知道只有吃得苦中苦，方為人上人。作家也是經過數十年的磨練，才能修養成無可替代的自己。

那些出色的作家，往往是別人難以超越的，他們能耐得住寂寞，日復一日堅持創作，他們能經得起誘惑，不會成為過去。

願我們能成為出色的作家，不要金玉其外敗絮其中，以免讓世人嘲笑。

只有出色的作家才是真正的作家，只有出色的作家才會留下不可磨滅的功勳。

無論你有沒有想過要成為出色的作家，如果你選擇了創作，就需要成為出色的作家，只有這樣你的文字才會得以流傳，才會影響一代又一代，讓他們獲益匪淺。

招數1　找一個理想幫你導航

成為一名出色的作家需要多方面的因素，當然我們要有成為出色作家的念頭，不然沒有了方向，也是很難成為作家的。

試想，我們之所以要成為作家，小時候就已經有了那種夢想。例如：要成為文壇最出色的小說家，要拿得諾貝爾文學獎。無論何種遠大的理想，只要拿它作為導航，我們就會慢慢駛向理想的彼岸。

有一個男孩，他長大後要成為最出名的詩人。於是他去閱讀了很多經典的詩集、詩歌等，而且嘗試著去寫作。就這樣日復一日、年復一年，他都在朝著那個方向奮鬥、努力。等他長大的時候，他已經能夠寫出高品質的詩歌了。雖然他並沒有成為最出名的詩人，但他也是一個大有名氣的詩人。

要是這個男孩沒有長大後要當詩人的理想，他很難長大後成為一個詩人。關鍵是他有那個理想作為導航，他才不會迷失方向，才能一步一步接近自己的理想。

作為導航的理想要是遠大的，只有這樣我們才會慢慢、一步一步朝著那個理想駛進。而即便我們最終不可能達成所願，我們離自己的理想越來越近，也會感到心滿意足了。

同樣有一個男孩，他希望長大後獲得諾貝爾文學獎。同學們都嘲笑他是痴人說夢，但他還是朝著那個理想努力著。雖然遙不可及，但他知道，如果不去一步一步接近的話，就不會

最終成功。

他現在快二十歲了，已經寫出了很多優秀的作品，在大學裡是卓有成就的作家。面對著別人的提問時，他說：「雖然理想遙不可及，但我把它作為導航，就會一步步接近。」別人問：「你的理想太遠大了，如果達不到呢？」他說：「即便不能達到，我也不會後悔，畢竟離那個目標越來越近了。」

男孩有了諾貝爾文學獎作為導航，他才能一步步接近他的理想，即便不可能實現，但他努力過了，就不會留下遺憾了。

我們需要找一個理想幫你導航，這樣才不會迷失方向，才會慢慢駛向理想的彼岸。當然身為作家，都希望寫出好的作品，成為出色的作家。這時候就要有成為最出色作家的念頭，雖然不一定能實現，但沒找一個理想幫你導航的話，我們就不知何去何從。

遠大的理想，讓它指引著我們的方向，然後才能有目標，才能一步步接近目標。例如：成為最年輕的愛情小說家，享譽海內外。只要有這種目標，就有可能達成所願。

小結

作家需要找一個理想幫你導航，即便不可能實現，也會一步步接近。我們需要有遠大的理想，這樣才能夠成為大作家。時間會證明，只要我們有理想，就可能達成所願。

招數2　把寫作當作畢生的志願

作家要成為優秀的作家，有一點要去了解：把寫作當作畢生的志願。只有這樣才有可能一輩子寫作，才會寫出更多優秀的作品。

我們雖然在寫作的時候，可以去做其他的事情，但我們不能不去寫作，而要想不會被淘汰，我們需要在寫作上達到出神入化的境界。這時候就需要把寫作當作畢生的志願了。要知道隨著年齡的增長，我們寫作的水準也越來越見提高。如果我們年輕的時候努力，當中年的時候不再去寫作，我們雖然會有優秀的作品問世，但不會有自己一生中最得意的作品問世。

我們需要把寫作當作畢生的志願，不可半途而廢，不可在獲得一定的物質財富後就去刻意享受生活。寫作是一輩子的事情，這一點不容置疑。

就像是挖井，只有在一個地方深挖，才能見到井水。寫作也是如此，容不得半點質疑。如果我們中途放棄了，只會事倍功半，只有堅持到底才會成為真正的作家。

有的人就說，他們不能一輩子寫作，除了寫作之外，還有好多事情需要他們去做。例如：照顧父母、撫養孩子等。的確我們不能不去注意這些，但寫作來源於生活，我們只有融入生活才能創出更優秀的作品。這並不是說，只要我們去寫作就是大家。我們必須要有靈感，必須知道去寫什麼最好，而只有從生活中體悟、感受，才會有感所發，引起讀者的共鳴。

這一點不容置疑，我們必須要融入生活，這和寫作是一輩子的事情並不矛盾。我們可以去處理其他的事情，可以很長一段時間沒有寫作，但有了這些靈感、素材，我們創作更順利。

很多人可能都會了解這一點，於是他們一邊生活一邊創作。的確寫作是一輩子的事情，我們不可能只是一時寫作就可以成為大家。要知道那些蜚聲文壇的大作家，他們往往是有了幾年、數十年的寫作經驗，才可以功到自然成。既然這樣寫作是一輩子的事情，我們就要堅持到底，不讓前面的努力付諸東流。

有一位男生，他熱愛寫作，也找了一個編輯的工作，可是工作了一年後，他覺得沒有意思，就去經商了。而沒有經商一個月，他又覺得寫作好，於是重返公司。就這樣男生不停更換工作，可是最終都返回寫作上。懷著種種疑問，男生諮詢了一位大師：「為什麼我不想寫作了後來又去寫作呢？」大師說：「看來你還是十分喜歡寫作的，不能放下寫作。你的理想是什麼？」男生說：「當然是能夠成為大作家。」「既然這樣你就應該了解，寫作是一輩子的事情，如果你一下做著這件事情，一下又去做那件事情，是很難成就大業的。人必須在自己喜歡的行業裡鑽研下去，才會有所成就。」男生說：「你說我適不適合寫作呢？」大師說：「既然你的理想是成為一位大作家，你當然適合寫作了。試想，這些年，你從事了許多不同的職業，然而大部分都是寫作的行業。如果讓你放下寫作，一輩子不和寫作有關係，你願意嗎？」男生想了一下說：「不願意。」

「如果讓你一輩子寫作，你願意嗎？」男生說：「非要一輩子嗎？」「嗯，只有把寫作當作一生的志願，你才會在上面付出所有，而你付出了會有回報的，皇天不負苦心人，你終會得償所願。」男生覺得大師的話有道理，就謝過大師，離去了。很多年後，男生已經是社會上小有名氣的作家，這時他又遇見了大師。大師說：「你現在還想寫作嗎？」男生說：「當然想，我已從中發現了樂趣，只有寫作我才會活得快樂。」大師一聽，笑了。

男生把寫作當作畢生的志願，他當然會活得快樂。如果感覺寫作枯燥乏味或者不值得一輩子付出，往往得不到更大的效果。要知道寫作的人很多，讓別人記住的卻很少。只有那些把寫作當作畢生志願的人，才會為寫作而生，才會從中發現樂趣，活得自在。

所以我們需要把寫作當作畢生的志願，這是我們的任務所在，也是成就我們人生的關鍵所在。

小結

作家的主要任務是寫作，而同樣是寫作，有些人能成為大家，有些人則像流星一樣一閃而過。具體怎樣才能成為大家呢，我們需要知道，只有把寫作當作畢生的志願，才會一輩子去寫作，才能慢慢塑造自己，成就自己，當然水到渠成，在你不知不覺中你已經是大家了。

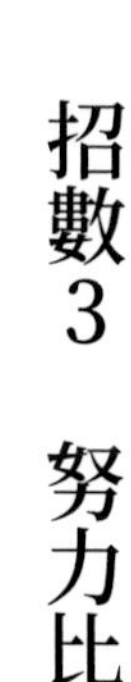

招數3　努力比天賦更重要

時代造就出色的作家，而出色作家的出現是需要若干要素的。第一，天賦；第二，努力；第三，外界環境。當然一個出色作家的出現也受到其他因素的影響，而往往是天賦和努力決定了一個作家是否出色。

我們知道，每個人生來都有某些方面的天賦。例如：是「音樂神童」、「商界奇才」，然而這些稱譽不會維持長久，只有努力才會讓我們立於不敗之地。

我們需要不停努力，天賦雖然重要，但如果不努力則萬萬不行。

而那些天賦，往往是基於我們熱愛文學。在我們熱愛文學後，我們可能會蠢蠢欲動，創作一些東西。但如果維持不下去的話，只會一時風光，難以經得起時間的驗證。

歷史上已經上演了很多江郎才盡的實例，我們大不可落人後塵。誰想被歷史的車輪淘汰呢？而為了不會被淘汰，我們需要不停努力，只有努力才是成為出色作家的不二法門。

愛因斯坦說過，天才就是1％的天分加上99％的努力。這句話雖然是老生常談，但出色的作家光靠天賦是不行的，他必須要努力，只有努力才會得到文學之神的眷顧。

有兩位男孩他們同樣熱愛寫作，一個出身顯貴，一個是貧窮的農家子弟。那個出身顯貴的男孩靠著父母的關係扶搖直上，很快成了赫赫有名的「奇才」，而那位只有靠自己打拚的男孩平淡生活著卻不失對夢想的追逐。

很多年過去了，他們兩個都長大了。那個當初的「奇才」卻無所作為，因為他當時有了那些榮耀就不思進取，以為一生可以快樂無限，結果毀了自己；而那個靠自己努力的男孩，寫了一部又一部作品，他的每一部作品都比那個富家孩子寫得出色，當然他是一個優秀的作家，而且越來越有成就感，生活得也越來越幸福。

兩個男孩同樣熱愛文學，卻有了不同的結果。那個小時候被認為是「奇才」的男孩長大後卻沒沒無聞，而那個靠自己努力的男孩長大後卻成為了真正的作家。

我們需要知道這一點，只有努力才能最終成功。而天賦雖然重要，在別人認為我們沒有那個天賦的時候，也不要否定自己，只要自己努力下去，有朝一日會達成所願。

當然人們都想成為出色的作家，無論是否有那個可能，很多人都在不同程度努力著，而結果就大大不同。有的人一輩子無所成就，有的人一輩子轟轟烈烈。

那些無所成就的作家們往往在寫了一些作品後就銷聲匿跡，而那些轟轟烈烈的作家們卻能一年又一年推出優秀、高品質的作品。這是為什麼呢？答案很簡單！那些閃爍著光芒不褪色的作家們，他們知道自己怎樣的努力，才能永固自己的位置，而那些只是烜赫一時的作家們，在獲得了一時的榮耀之後，就自滿自足，結果再也難以有偉大的作品問世。

我們需要不停努力，努力會讓我們如獲新生！

有一位青年，他想成為作家，可是他不知道自己能否成為作家。懷著種種疑問，青年拜訪了一位禪師。禪師把他帶到一片菜園，對他說：「這裡有兩畝地，一畝地你要辛勤灌溉、

除草，另一畝地你要不聞不問。」年輕人很疑惑說：「我是來尋求成為出色作家的可能，為什麼讓我當起農夫了呢？」禪師說：「只要你按照我的說法認真做下去，秋天的時候你就會知道結果了。」年輕人無奈，只有按照禪師的說法做下去。這樣很快秋天到了，他所管理的那畝菜園獲得了豐收，而無人照顧的那畝菜園荒蕪得不成樣子。年輕人想了一下，還沒有了解緣由，找到禪師說：「你不是說到秋天的時候，我就可以知道自己是否能夠成為作家了嗎？為什麼到現在我還不知道自己能否成為作家呢？」禪師笑呵呵的把他拉到那片菜園，對他說：「你看看你管理的那畝菜園，由於你悉心付出，結果付出有所回報，而沒人照顧的那畝菜園，由於沒有人在上面付出，當然不會有所回報。你應該知道成為作家並不是光想不做的，就像這兩畝菜園，你必須要努力，才能有收獲，否則只想著結果不去努力，到頭來就會荒蕪了。」年輕人一聽，覺得禪師的話有道理，就謝過禪師，離去了。後來他不再質疑自己是否能夠成為出色的作家，而是不停努力著。就這樣若干年後，他成為了一名小有名氣的作家，才知道禪師的話原來如此重要。

的確我們要想成為作家不去努力是不行的，而就算我們是多麼想成為作家，不去付出也只會活在虛幻之中。

就像是滴水穿石，只有到了一定的程度才能見效果。要是我們否定了自己的能力不去努力，就會半途而廢，成事不足敗事有餘，成為別人的笑柄了。

小結

我們努力，前提是對寫作感興趣，要是被別人強迫著寫作，是很難在其中的。而即便我們不是被別人強迫著寫作，想藉由寫作達到某種目的，必須培養興趣，加上努力，這樣才能不失為成為一位出色作家的可能。

招數4　學習一些寫作方法

很多人認為，只要努力就會有收獲。但這是真的嗎？尤其是在寫作上，我們不分晝夜寫了幾十個春秋，一定能成為大作家嗎？

要知道那些寫作沒有方法的人，縱使很努力，也不會成為大作家的。我們不需要那麼勞累自己，並不是只要我們寫得越多就會越出色。

我們需要掌握寫作的方法，例如：在寫作小說時，可以列大綱，想好裡面的主人翁的名字，情景等，要是我們不假思索就去寫，往往在寫了半截才知道有好多事情忘了寫了。這時候我們再回去修改，要花掉很長的時間。

我們不需要這麼浪費寶貴的時間，只要提前掌握好寫作的方法就行了。而不同的書籍寫作的方法是不一樣的，如果我們是在寫散文集，可以意到筆隨，不需要事先列大綱；如果我們是在寫養生類的書籍，就需要事先蒐集資料，不能把某些內容搞砸了。

做到了這些，就可能在寫某一類的書籍時不會出錯，甚至少出錯。要是我們視若無睹的話，到後來只會給自己帶來麻煩。

有一個寫勵志題材的作家，他並不是有了一個書名後再去寫作。往往考慮是否能寫好這本書，如果他覺得無法寫下去就不會寫這本書了，如果他覺得這本書可以寫，並不是動筆就寫下去，他要事先考慮清楚，該怎麼寫才能更好。例如：要寫多少字，分多少章節。

這個作家寫了很多勵志的書籍，很多書籍都很暢銷。作家掌握了寫作的方法，他才能順利寫作下去。要是事先他不了解這些方法，只會帶來很多問題。想看，寫一本書並不是輕而易舉的事情。如果我們快把書寫完了，才發現很多問題，豈不是損失更大？

我們需要把損失扼殺在搖籃裡，而掌握寫作的方法會讓我們獲益匪淺。例如：寫什麼樣的題材，怎麼去寫。這樣才不會浪費寶貴的時間，寫了很多無用的東西。

不過有的人就說，他也掌握了寫作的方法，可是為什麼就寫不好呢？這時候就需要知道這些寫作方法，是否適合你了，如果不適合你，需要去更正。

有一個以寫作維生的作家，他現在過得很快樂，而很多年前，他卻過得很窮，雖然那時知道寫作的方法，但是那些方法不適合他。

他不適合半夜寫作，不適合寫小說，不適合凌晨喝杯咖啡後寫作，不適合晚上吃過晚飯後散步後繼續寫作……但他都強迫自己去做，結果收效甚微。

而這個作家改變了他的寫作方法，他才能在以後的日子裡，寫作越來越順利，最終過得很快樂。

我們需要了解現在的寫作方法是否適合我們，如果不適合就需要學習適合的了。畢竟每個人都有自己的寫作方法，我們以前知道的可能是很多人的寫作方法，雖然會有用，但不一定適合。

我們需要找到最適合自己的寫作方法，例如：自己喜歡在早上吃飯之前寫一篇文章，就要寫一篇文章，自己在晚上睡覺的時候想寫一些東西，就要打開燈寫下那些東西。

我們不需要非要模仿大作家的寫作方法，只要找到最適合自己的就行了。試想，大作家雖然很讓人敬仰，他們也有各自的寫作方法，而為什麼偏偏他們的寫作方法就各自不同呢？而他們都是大作家？這時候我們就知道，不同的大作家的寫作方法是不同的。

我們有最適合自己的寫作方法，不一定和別人的完全類似。只有這樣我們才會覺得寫作有趣，寫出自己想寫的東西，寫出越來越多的東西，讓自己成為大作家，進而成為高產作家。

小結

每個人都要學習一些寫作方法，而每個人的寫作方法是不一樣的，這時候我們就不要完全模仿別人的寫作方法，需要掌握好屬於自己的寫作方法。這樣才能學習到最適合自己的寫作方法，為己所用，讓自己受益匪淺。

招數5　練就別人無法超越的題材

同樣是作家，有的人喜歡寫詩歌，有的人喜歡寫散文，有的人喜歡寫小說，有些人喜歡寫文藝評論，有些人喜歡寫兒童文學，有些人喜歡寫成人勵志，有的人喜歡寫養生保健，有的人喜歡寫親子教育……對於這各人有各人的愛好，寫什麼樣的題材，才能打出一片天空。往往寫小說的會有出色的作者，寫社科的也有出色的作者，他們都會因為他們最熟悉的題材出類拔萃。試想，如果讓一個擅長寫詩歌的人寫養生保健的書籍，他會很費力；同樣讓你一個擅長寫養生保健的人專門寫詩歌，他無異於覺得是在慢性自殺。

每個人都有自己的擅長，我們不必強求。而我們也要找到自己最強的一項，例如：你最擅長寫勵志的題材，就要寫下去，你只有在這一個題材裡鑽研，你才會有成就。當然你有可能蠢蠢欲動，看到寫言情小說的人受歡迎，你就跟著寫言情小說，豈不知你寫了半截就戛然而止了，這時候你看到寫兒童文學的人吃香，你開始去寫兒童文學，結果在兒童文學上你嘗試了一段時間總是屢試不爽。換來換去，你又最終回到了寫勵志上。這時候你才會了解，只有寫自己最擅長的書籍才會快樂。

這就如同去大型的出版社找機會，他們必然要了解你擅長寫什麼內容，如果你只會寫詩歌，他們很難會讓你寫經濟題材的作品。如果你只喜歡寫都市小說，他們一般不會讓你寫論文的。

你擅長寫什麼樣的題材，往往出版社就會給你提供相應的機遇。當然我們擅長寫詩歌，或者寫小說，不一定能生活下去，尤其是寫詩歌，詩集一般是難有市場的。而即便我們只會寫詩歌，在你無法生存之前，需要去嘗試寫其他方面的東西。這時你或許會抱怨，諾貝爾文學獎獲得者有很多是詩人，但你要知道他們經歷了多少風雨，也大多數到了一定的歲數，他們可以靠寫詩生存下去，你能靠寫詩讓自己無憂無慮的生活下去嗎？

如果你的家庭條件不夠優越，這時候需要放棄寫詩的念頭了。你至少要生存，只有生存下去你才有創作的動力。我們創作並不是讓我們寫只有市場的東西。不過反過來想一想，如果你寫的東西沒有市場，你豈不是自取滅亡嗎？

我們需要寫有市場的東西，這樣才能生存！

有一個大學畢業生，他很愛寫詩，而且在大學裡寫了很多詩歌。在他走上社會以後，他到出版社拿出他的作品。但是出版社對他說，他們要那些詩歌沒用，他們要讓他寫其他題材的東西。大學生無奈，只好嘗試著去寫其他的東西。

大學生原以為他只會寫詩，沒想到寫其他的社科書籍，他卻信手拈來，而且又能賺錢。在學校的生活也越來越豐變得富有。

但大學生只知道寫詩，只會寫詩，他有可能就把自己的前程給毀了。因為寫詩無法維持生活，就需要去寫其他題材的東西。畢竟我們有那個根基，何苦要和生存過不去呢？等你安定下來的時候，等你發跡了，你的那些詩就可以順利面世。要是你現在寫了很多，品質也很高，放到市場上卻無人問津，你不是要過著貧困潦倒的生活嗎？

相信大多數的作家，都不願意淪落到那一種地步，他們也渴望藉由寫作致富。這時候就要放棄那些沒有前程的念頭了。找到另外一個你擅長的題材，寫下去。那個題材要有市場。當然任何題材都是有市場的，關鍵是寫詩要恰到好處，不然只會淪落。

我們需要寫自己最擅長的題材，也要讓自己的作品得到社會的承認。這樣我們才有飯吃。要是沒有自己最擅長的題材，我們就很難在眾多作者中突出。試想，作者那麼多，為什麼偏偏就有某些作者讓別人大為崇敬呢？其他的作者卻還在拚命為生計忙碌呢？

我們都不想一生為寫作拚命忙碌，希望有朝一日可以發達起來。要是我們不去寫自己最擅長的題材，讓別人無法超越，我們就可能被淘汰。試想，作家有詩人、散文家、小說家、劇作家，只要在某一個題材上出神入化，就可以彪炳千秋。

我們不需要任何題材都去嘗試，那樣就如挖井一樣，每一個地方都挖了一口，是難以見到井水的。

這就像市場上的一些作家，同樣是寫小說，有的是寫官場的，有的是寫青春的，有的是寫盜墓的，有的是寫科幻的……無論是那一種題材，只要別人無法超越，就是大家。

所以我們需要有成為大作家的念頭，而成為大作家要練就別人無法超越的題材。這樣才能在那一個題材是首屈一指的人物，讓別人談起那個題材時，就想起你，對你大為崇敬。

小結

作家寫作，有好多東西可以寫，但到底要寫什麼呢？當然我們寫任何方面都可能大獲成功，關鍵是要比別人突出。這樣才能成為那一個題材裡的佼佼者，才能一馬當先。要是很多題材都涉獵，雖然會成為大家，但難以成為「鼻祖」，難以讓某一個題材裡的人信服。

招數 6　對未來要充滿信心

作家的創作是艱苦的，要對未來充滿信心，不能因為現在的不如意，就否定將來的自己。畢竟我們現在過得不好，是因為我們現在寫得作品不好，和將來沒有多大的關係。如果我們現在就喪失信心的話，我們將來也不會過得好。

有一位作家寫了很多年，但過得很窮。為此他的妻子離開了他。作家很痛苦，覺得需要嘗試一種新的生活方式了。於是他在街上賣油條，但每天微薄的收入也難保他幸福的生活。作家很無奈，不知道該怎麼生活下去。

後來作家遇到了一個高僧。看到作家悶悶不樂的樣子，高僧問：「你是怎麼了？」作家說：「我現在過得很痛苦，我是一個作家，可是當作家要過窮苦的生活，我希望藉由其他的方式致富，但總不能變得富有。」高僧說：「既然你是作家，何必要去用其他的方式致富呢？要知道當作家也可以變得富有的。」作家說：「當作家怎麼能變得富有呢？要知道就是因為我太窮，妻子才遠離了我，而且我已經創作好多年了，都沒有致富。」高僧說：「你是希望用寫作發財嗎？」作家說：「我並不希望能成為富翁，但總要過幸福的生活啊，像現在窮困潦倒，怎麼能算得上幸福呢？」高僧說：「你感覺不幸福，是因為你得到的報酬不高，而你完全可以藉由寫作獲得高報酬的，關鍵是你要繼續寫作下去，要對未來充滿信心，否則是難以過得快樂的。」

「會這樣子嗎？」

「當然你現在看是很窘迫，但只要你對未來充滿信心，繼續努力下去，終會改觀的。」

作家又和高僧談論了很久，最終按照高僧的說法去做了。

後來作家寫出了好的作品，果真獲得了高額的稿酬，生活也越來越幸福。

作家對未來充滿了信心，才能生活幸福起來。要是他否定前途的話，只會看不到光明，活在黑暗和痛苦當中。

我們需要對未來充滿信心，即便現在過得不多麼好。只要有信心，若干年後將會好起來的。

有一個作家和妻子過著簡樸的生活，每天粗茶淡飯。看著名門出身的妻子，作家問：「這不是委屈你了嗎？讓千金大小姐過著平常人的生活。」妻子說：「我很滿足這種日子，畢竟我是你的妻子，無論你是窮是富，我都會跟隨你的。」作家很感動，後來發達了，也不忘妻子。

作家的妻子對未來充滿信心，才能讓作家充滿信心，作家才能後來發達，不忘掉他的妻子。

對於我們，很少有和我們同甘共苦的人，而那種和我們同甘共苦的人，就往往是我們最親近的人。他們在我們痛苦的時候，提醒我們要幸福，在我們高高在上的時候，提醒我們要注意腳下的絆腳石。要是沒有了他們，我們是否會對未來充滿信心呢？

無論如何，我們都要對未來充滿信心，不要希求別人的幫助。這樣才能自強、自立，看到未來的美好，走向未來的美好。

當然能做到這一點，作家就會很樂觀，就能走下去，成為出色的作家。

所以無論何種情況，我們都要對未來充滿信心，只有充滿信心，未來才會美好，否則會過著不如人意的生活的。

小結

作家無論是窮是貧，都要對未來充滿信心。只有對未來充滿信心，才會有所改觀。

我們需要對未來充滿信心，對未來充滿信心，會讓我們活得很快樂，很知足！當然也會幹勁十足，有所成就。

招數7　寂寞是作家所要經歷的

很多人認為，成為作家就是為了名和利。其實這種觀點是偏激的，我們雖然可以因為某些作品名利雙收，但要知道我們曾經付出了多大的努力，才能成為出色的作家。

在我們真正摘得作家的桂冠之後，不需要沉浸在各種享受之中，例如：別人的追捧、一些附庸風雅的人士對你的「提拔」。這些，雖然會讓我們受寵若驚，但一旦我們只知道「享樂」，就會故步自封，江郎才盡了。

上天給作家的一個真正的啟迪是：他必須要能耐得住寂寞，這樣才能苦盡甘來，成為出色的作家。那些風花雪月，靠炒作的所謂作家，雖然會贏得別人一時的賞識，但經不住長時間考驗的。時間一長，就會被無情淘汰了。

我們都想成為出色的作家，不會是烜赫一時的人物，要能影響深遠。但要這樣我們必須要能耐得住寂寞，不被塵世間的一些花花綠綠的東西所干擾。這樣才能潛心創作，寫出一部又一部優秀的作品。要是我們因為一部作品成為了「大作家」就沾沾自喜，從此享受著大作家的非凡名譽，人見人愛。時間一長，我們就不再會有優秀作品的問世。到時候，別人只會認為我們譁眾取寵罷了，對我們不再是崇敬而是唾棄。

我們需要耐得住寂寞，在時間的洗禮中潛心修養自己。這樣百煉成鋼，千煉成金，只要我們磨練的時間足夠長，我們就不會輕而易舉被歷史所淘汰。

試想，很少有一位少年作家的作品，能夠影響千百代。那些流芳百世的佳作，大部分是有感所發，而那些作者大部分是上了年紀的，他們有親身經歷，才能寫出別人無法複製的作品。要是自認為是「神童」、「天才作家」，大肆吹噓而不去潛心創作，就會成為像方仲永——王安石作品〈傷仲永〉主人公，一樣的人物，到頭來泯然眾人矣！

我們都不想幼年天資過人，長大後敗絮其中。這時候需要潛心修養自己。吃得苦中苦，方為人上人。任何不經過努力就想獲得出色作家光環的人物，往往只是曇花一現，經不住時間的考驗。

而只有不為物欲所動，不以一部作品的成功，就自以為了不起，才能集數十年之智慧，成就一生之偉業。

當然很多人耐不了寂寞，他們害怕懷才不遇。這樣雖然能夠贏得伯樂，而有時候我們也不得不尋求伯樂的賞識。但在我們有了真正的貴人之後，除了要讓他們認為，我們是一個名副其實的作家之外，就要潛心修養自己，只有這樣才能更出色，才不會是曇花一現的人物，才能對得起「作家」這個稱號！

小結

作家不是一朝一日煉成的，尤其是優秀的作家，需要到了一定的歲數，才能寫出「驚天地，泣鬼神」的作品，而在有了「代表作」之後，不要被各種東西所誘惑，以免就此裹足不前，

以後難再有優秀的作品問世，讓別人認為，你套著優秀作家的光環，只是欺名盜世罷了。而只有你耐得住寂寞，時間愈長，愈能無堅不摧，愈能不會被淘汰。

招數 8　搬家到清幽的地方

作家都喜歡居住在清幽的之處，例如：有青草如茵，柳綠花紅，然而我們很難可能有那種福氣，享有那種絕佳的地方。很多時候，我們在為生計奔波，住的、吃的並不是多麼好。然而我們都想要改變自己的生活狀況，而又想依靠寫作為生。

在我們無法靠寫作生存下去的時候，可以想像，藍天白雲，流水別墅，不是我們的去處。我們往往居住在嘈雜的地方，每天人來人往，熙熙攘攘，對於作家來說，這不是一個絕佳的之地，然而無法去自己想要的清幽之處，我們只好安於現狀，在夜深人靜的時候，開始自己的文學創作。

尤其是當我們有了一定的資本，我們就會搬離那個令人意亂心煩的地方。我們開始找一個新家，而在找新家的時候，我們大部分都有這種想法，找一個無人打擾的之處，可以呼吸大自然的新鮮空氣，可以放心寫作。

於是我們搬家了一次又一次，每一次都不會多麼令人如意。因為就算環境非常清幽，如果我們想換地方，也只有再搬家了。而新家是否能讓我們安心創作，也是一個問題！

只要我們不去過多苛求，無論環境是否清幽，都要潛心創作下去。這樣心如止水，淡若明鏡，就會寫出一部部傳世佳作。

有一個男人，他來到大城市裡，接二連三的搬家。很多人不了解為什麼他老是要換地方

呢?男人說，時間長了，他對附近的環境都熟悉了，沒有新鮮感了。而作為一個作家，那樣會束縛他的才華。所以他要不停搬家，以尋求新鮮。果然那位男人每換一個地方，都會在新的地方留下好的作品。而時間久了，男人就有了不同風格，不同題材的作品問世。他可謂是涉獵廣泛，既有出色的小說，又有理論著作。而男人另外一個成功的祕訣是，在搬家到嘈雜的環境後，他不會後悔自己莽撞搬錯了地方，而是靜下心來專心創作，他才能在每一個環境裡，都留下不同的好作品。

對於搬家，想必我們都比較熟悉，我們也希望能像男人那樣寫出不同風格的傳世佳作。而並不是說，只要我們搬家，搬到了清幽的之地，就可以寫出優秀的作品，這因人而異，只有心如止水的人，才能在無論任何環境下，都專心寫作下去。

我們搬家，不停的搬家，在換了一個環境之後，需要融入進去。我們難以改變環境，可以藉由搬家讓環境來適應自己，也可以嘗試改變自己來適應環境。

總之搬家到清幽的之處，是很多作家無悔的選擇。至少此時能夠讓自己心裡歸於平靜，能夠從內心深處出發，寫出完全屬於自己的作品。

當然恰當的搬家，是成就一些傑出作家的祕訣，這在很多人身上都得到了印證，因為作家需要一個適合的環境，而每一個環境之下，他們都會寫出不同的作品。經歷的環境越多，他們的作品就會越豐富，寫出的作品也就越深刻。

小結

搬家是很多作家常做的事情，他們往往搬到自己最滿意的地方，而他們最滿意的地方，往往是那些清幽的之地。在那些地方住了一段時間以後，他們可能會蠢蠢欲動，到其他的地方居住了。這就是有些作家喜歡旅行，或者變換不同的城市居住的原因所在。而我們搬家，要考慮清楚，要找到適合自己寫作的地方，就算目前的位置不適合自己寫作，也要暫且寫下去，這樣才能不失為成為出色作家的可能。否則這山望著那山高，在不停的搬家中度過，卻沒有留下讓人滿意的作品，不會是一個出色的作家。

招數9　寫自己最想要寫的東西

很多作家，他們的作品不盡相同，然而總有優劣之分。有的人的作品讓人難以讀得下去，有的人的作品引起別人無限的興趣、愛不釋手。那麼，什麼樣的作品才是優秀的作品呢？才能讓別人視為珍寶呢？

要知道同樣是一部作品，無論優劣，有的人喜歡，有的人就反感。例如：有的人喜歡散文，而一部經濟學著作擺在他面前，無論好與壞，他都會不屑一顧，這時你能說那部經濟學著作不是好作品嗎？同樣是這一部作品，經濟學家就可以辨別它的實用價值，就可以饒有興致讀下去，無論這部作品寫得如何，只要他有興趣，就會讀下去。

這是告訴我們，優秀的作品並不是某些人不感興趣我們就自卑。要知道世界有六十多億人口，沒有一部作品的發行量超過六十多億。也就是說，總有些人對他的作品不感興趣，就算《紅樓夢》等一些偉大的著作，也有些人沒有讀過，會對它嗤之以鼻。

但只要我們寫自己最想要寫的東西，不去在乎別人的批評或者支持，就可以寫出優秀的作品，成為出色的作家了。

有一位男孩，他非常喜愛文學，也希望能早一日出書。然而他為夢想拚搏了很多年都毫無效果，為此他很糾結，他不知道怎樣的作品才能讓讀者感興趣，寫怎樣的作品才能讓自己成為大作家。於是他去書店裡看了很多書，看到一些書很暢銷，他就蠢蠢欲動，試著去模仿，但總是差強人意。

男孩一直有個夢想，希望某一天能成為像幾米那樣的繪本作家。可是很多人不認同他的想法。男孩寫其他的題材又寫不好，天天活在無望之中。

這個男孩沒有去寫自己最想要寫的東西，就難以達成所願。雖然很多人不認同繪本，對繪本也不感興趣，但總有些人是這一方面的愛好者、追隨者。只要他不掩埋自己最出色的方面，就可以成為大家。只可惜為了迎合，與夢想背道而馳。

同樣有一位男孩，他卻做得很好：

這位男孩愛好小說創作，他的第一家出版社的老闆對他說寫小說沒有出息，無法生存下去，但是男孩還是堅持著自己的小說創作。於是他離開了那間專門做醫療器械書籍的出版社，到了一家以小說為原創背景的公司。在這家公司耳濡目染幾年後，男孩覺得需要寫出屬於自己的東西了。於是他毅然而然的辭去了工作，在家裡潛心撰寫了幾個月，終於寫出了一部出色的小說，而且因為這部小說，他成為了專職的作家。

男孩寫自己最想要寫的東西，才能成就自己的作家夢。要是在第一家公司，專心的做醫療器械書籍的話，而忽視了自己最擅長的小說創作，他雖然是一位好員工，但不會是一位聰明的人物，若干年後會沒沒無聞，難成大器。

我們需要寫自己最想要寫的東西，當然這些東西要符合邏輯，要符合時代發展的潮流，我們不可天馬行空想寫什麼就寫什麼。要知道有些人寫了很多，依舊難以得到社會的認可。

這是有兩個方面的可能，第一，他將來可能讓別人大為崇敬，原來忽視了他的作品；第二，他寫的東西根本無法得到認可，只是白費力氣。

但只要我們寫對社會有價值的，自己最擅長的，就會成為真正的大作家，而且有可能是某一方面的專家，否則人云亦云，沒有自己的主見，到頭來雖然模仿了很多，沒有自己最想要寫得，也難以成為大家。

試想，那些偉大的作品，像《史記》、《聊齋志異》等，哪一個不是作者有感所發，一直想要寫的東西，才能拚命寫下去，最終成就了那部作品，也成就了自己？

所以只有寫自己最想要寫的東西，從自己的心靈深處出發，才能某一天心血來潮，洋洋灑灑，一揮而就，留下不可替代的佳作。

小結

作家最重要的是寫自己最擅長的題材，寫自己最想要寫的東西。這樣才能畢恭畢敬，讓別人無法超越，否則按照別人的路走，模仿別人，只會失去自我，難以獨樹一幟，成不了大的氣候。

招數10　不在乎別人的閒言碎語

作家要品格高尚，要修養自己的靈性，當然也難免有些人背後指指點點。一旦別人對我們造成了影響，或負面的，或正面的，我們需要去面對。很多時候，別人議論紛紛是對我們懷有不滿，例如：我們的私生活，我們的作品內容等。對於這些，我們可以虛心去接納，但千萬不可大動肝火。畢竟別人有言論的自由，你氣得頭髮都豎了起來，兩眼直冒光，別人雖然會一時鴉雀無聲，但在你不在的時候，又是議論紛紛。

我們需要讓別人清楚，我們並不是私生活很亂，靠抄襲成為大作家等。這樣別人才不會在背後對我們說三道四。當然別人背後議論你，有他們的原因，只要弄清原委，然後澄清，總會有解決辦法的。

一位偶像級的作家，被爆料私生活不檢點，例如：與很多人有染，他是私生子等。對於這些閒言碎語，偶像級的作家沒有被打倒，而是坦然接受。他的朋友不了解的問他：「別人都這麼詆毀你，你為什麼不做出一點反應呢？」他說：「我拚命澄清自己有用嗎？反而不如漠不關心重要，我沒有時間和精力，花費在那些無聊的事情上，我要好好創作，用作品征服我的讀者，讓那些誤會我的人了解，我原來是怎樣的一個人物。」漸漸的，那些道聽塗說的人，聽說那位偶像級作家多麼孝順、有才華、清純、心地善良……他們都在稱讚這位作家。別人對他的詆毀越來越少，他漸漸贏得了別人的認同。

要是這位偶像級的作家，在風口浪尖時，就拚命澄清自己的清白，很可能會引起軒然大波。當然他保持事無關己的態度，別人可能會誤會他不敢去反駁，但時間是最好有力的證明，總有一天別人會知道事情的真相。一旦事情水落石出了，他無疑不會贏得別人的尊重，要是當時推波助瀾或者據理力爭，只可能使事情更惡化。

所以我們要了解這一點，別人說三道四，我們大不必去在乎，時間一長了，風聲就會漸漸停止的。而真理永遠會壓制住謬論，他們不可能會對一個作家，無止盡的去干涉、迫害，畢竟，作家是他們的精神糧食，一旦他們發現誤解了作家，他們往往會悔不當初，反而會更加欣賞作家。

我們需要培養一種修養，不能太在乎別人的閒言碎語，畢竟，嘴長在別人臉上，別人愛怎麼說，我們往往是難以控制住的。但有了不好的事情，也要去應對，或者澄清，或者不去在乎，終有一天你會發現，你的做法是明智的，而不會由於你太衝動造成了不可遏制的後果。

小結

作家們往往比較清心寡欲，但就怕「出人頭地」。俗話說：人紅是非多。作家也可能會遇到那一天，當那一天果真到來，要坦然的去面對，不因外界改變自己的心態，這樣長時間下來，才能讓別人正確的審視你，你才能成為一位出色的作家，不失為別人的崇敬。

招數11　問題出現了就要去處理

一部作品沒有問題則萬事大吉，但如果有了問題就要去處理。例如：版權糾紛，與別人的其他問題等。遇到了類似的情況，不可逃避，逃避解決不了問題，需要主動去承擔責任，這樣才是一個負責的作家。

我們不需要在問題出現的時候，找各種理由來推卸自己的責任，如果是自己的錯就要主動去認錯。不要那麼固執，畢竟問題出現了，就要去解決，如果不去解決，問題會更大。

有一位作家寫了一本書，他投向了出版社，後來這部作品也得以順利出版。而這位作家在市場上卻發現了，和這部作品類似的書籍，而作家在寫那部書籍時並沒有參考資料。於是他再三考慮，決定要把事情弄清楚。後來查了解了，是這家出版社盜用了他的書籍的內容。為了維護著作權，這位作家只好找到這家出版社。面對鐵證，這家出版社不得不向作家賠禮道歉。

作家發現了問題，從而維護了自己的合法權益，要是問題出現了他不聞不問，只會使事情進一步惡化。尤其是別人侵害我們的著作權，更要去維護。當然我們為了不讓自己身上出問題，就盡量避免問題。例如：不去抄襲，不一稿多投。

我們需要清楚這一點，逃避是永遠解決不了問題的。當問題出現的時候，需要去面對，即便有可能損失，但是問題已經發生了，不去處理能行嗎？

就把它當做一次經驗教訓吧，你會因此成長，變得睿智起來。

有一位作家因為抄襲別人的作品，被別人發現了，他並不是逃避責任，而是主動賠禮道歉，那個作者終於原諒了他。

要是這個作家在有錯時，堅決不承認自己犯了錯，只會使事情鬧得更僵，還好他主動去處理問題，才能使問題得到及早，且有效的解決。

我們在遇到任何問題時都要去處理，無論是別人給我們帶來的問題，還是我們給別人帶去的問題，都要最終使其得到解決，這樣才能在文壇裡走下去，才會有自己的一片天空，否則任何人都得罪了，只會使你處處樹敵，長時間下來，敵人多了，就無路可走了。

小結

問題出現了就要去處理，逃避是解決不了問題的。只有主動去處理，才能大事化小，小事化了，得到圓滿的結局，否則試圖逃避，只會帶來不可估量的後果。

招數12　別讓抄襲抹上了汙點

對於作家來說，讓讀者最頭痛的一件事就是他「抄襲」。我們不需要去抄襲，要尊重別人的智慧成果。我們需要創作出世上曾來沒有的東西，只有創作，才會讓自己獲益匪淺。

而很多青年作家，他們的社會閱歷不夠豐富，為了能和那些老作家「相提並論」，他們不惜「拿來主義」。這樣雖然有可能讓別人認為，他是一個天才作家，但經不住時間的考驗，一旦被別人發現他抄襲了，別人就會對他大跌眼鏡。

我們需要不讓抄襲抹上汙點，抄襲是扼殺作家才華的通病。在我們寫不出優秀的作品的時候，可以參考別人的文章，但不可不管三七二十一，拿來就用。要知道別人的東西終歸是別人的，永遠不可能成為你的。

不過有的人就說「天下文章一把抄」，的確一些優秀作品的問世，也沿襲了前人的思想、內容。就連四大名著之一的《西遊記》，也不是吳承恩的獨自創作，他參考了一些野史、古人的資料和傳說等。對於這些，我們也可以汲取別人的精華，但按部就班、一字不動的全部複製，就是不明智的了，參考他人的作品可以成為你的創作養分，但不應該成為你的創作。

我們需要學會創作，只有自己獨自的作品才能夠影響深遠，當然也有的作品參考了別人的資料價值不菲。關鍵是我們要成為一名出色的作家，不需要非要「拿來主義」，那樣只會讓抄襲使自己抹上汙點。

我們需要維護自己的名譽，一旦別人發現我們抄襲了，我們就可能滿盤皆輸，處處遭受別人的異樣目光。與其這樣何不當初光明磊落的創作，讓讀者欣賞你一輩子呢？

當然最嚴重的問題是抄襲事件發生了，我們後悔當初「借用」了別人的文章，但抄襲事件已經發生，我們不可任由事情無邊無際的蔓延。一旦抄襲成為定局，無疑會讓你抹上汙點，也會失去讀者的信任，這時為了贏回讀者，需要創作出更優秀的作品，讓讀者刮目相看。這樣讀者才不會認為我們是虛有其表。一旦我們最得意的作品，就是那部背上抄襲罪名的作品，以後難再有佳作，我們注定會被讀者所輕視，難在文壇裡有出人頭地的一天。

無論如何，我們都不要去抄襲。一旦惡果發生，我們就需要去應對，逃避是改變不了現實的。早知如此，何必當初呢？

我們要創作出完全屬於自己的東西，這樣就算以前某些作品背上了抄襲的罪名，我們現在的作品比以前的更優秀、更出色，讀者只會認為我們是一個很有才華的人，對我們既往不咎了。

達到這種程度很難，往往很多人最得意的作品，就是那部讓人猜疑的作品。在有了那部作品之後，他也在「抄襲」的論戰中浮沉，而不去改變自己，創作出更優秀的作品，結果就會故步自封，長時間下來，會失去很多讀者。

因此一旦抄襲已成定局，我們需要拿出好好的作品推翻抄襲的定案。而我們之前不抄襲，就不會有如此的「命案」了。

小結

抄襲是讓讀者最頭痛的事，更讓讀者憤怒不已。為了不失去讀者，我們不應去抄襲，要拿出更多更優秀的作品以饗讀者。這樣我們才會在讀者中永固地位，而就算我們曾經有了抄襲的「黑鍋」，讀者也會對我們既往不咎了。

招數13 規劃好後再去寫作

現在作家寫作，往往是別人規劃好後，他才敢放開膽量去寫作。但別人不一定總會為我們規劃，我們需要了解寫什麼樣的作品才會暢銷，然後好好寫下去。當然我們要能把這本作品寫好。只要是好書，任何一家出版社都會願意出版的。

不過有的作家說了，他們很少有規劃的能力，就算自己可以規劃，他們寫出來的作品是拿出來出版的，要是出版社不要的話，他們的努力豈不是泡湯了嗎？的確寫出來的作品是為了出版，有時候出版社開題目給我們寫，我們雖然可以寫書，也可以嘗試去寫自己最想寫的作品，關鍵是要規劃好，不然只會泡湯。

有一位才女，她靠著幫公司寫作維生，老闆讓她寫什麼她就寫什麼。很多年過去了，她仍然不能一個人離開公司生存。才女想，年紀越來越大，總不能公司說什麼就寫什麼吧，況且需要自己賺錢，拿著作品直接找出版社，比經由公司的收入要高很多。可是才女又猶豫了，萬一她規劃的作品沒有出版社可以出版該怎麼辦呢？

才女想了很多，決定試一試。一開始她寫出的作品都沒有出版社願意採用，但漸漸的，她規劃的作品，都有出版社願意出版了。

現在這位才女是自由作家，她的收入比前幾年在公司高很多。而且才女不用在公司工作那麼累，她可以兩個月寫一本書，也可以拿到比公司裡一個月寫一本書高的報酬。

招數13　規劃好後再去寫作

才女學會規劃才能工作輕鬆拿到高的報酬。要是才女一直靠著公司，她無法「自立門戶」，當然需要付出很多。規劃好後再去創作。這樣就會寫出優秀的作品。

試想，社會上的那些名流，尤其是有名望的作家，只要他們寫一部作品，出版社都會出版。因為經過時間的磨礪，他們已經知道寫什麼樣的作品可以出版了。

我們也要規劃可能出版的作品，尤其是可以暢銷的作品。在一開始我們可能規劃的作品沒有出版社願意出版，但總需要時間的，幾年過後，我們就不用擔心寫出來的作品，沒有出版社要了。

就像是我們小時候寫的作品，我們當時認為寫得好極了，現在再回去看，往往會嘲笑當時寫的文章太天真。

的確隨著時間的推移我們寫的文章越來越優秀。我們最終也會邁向獨自創作。

自我規劃的創作會對自己的作品完全負責，會更投入去寫。不像公司裡的編者，感覺是在為老闆寫著文稿，而且寫得是老闆規劃的作品，當然不會像作者對待自己的作品那樣負責了。這就是編著和作者的作品之間有很大的差別。

有一個人，他規劃了幾部稿子，他寫了一本，其他的幾本由另外的作者去寫。可是只有他寫的作品是他所想要的，其他的作者寫得書和他想像中的都有差距。

只有我們自己去寫，才有可能寫成自己最想要的作品。而前提是我們得學會規劃，否則縱使會寫，寫出來差勁的作品也沒人要。

「凡事豫則立，不豫則廢」，一旦規劃好，就會寫出好的作品，就會因為這部作品讓自己成功。

小結

寫作需要規劃，我們不可以不知道頭緒的亂寫。那些有文筆的人，如果沒有好的大綱，就也沒有好的作品。而只有事先擬定好企劃，才會寫出好的作品。

招數 14　每天寫作一點點

寫作是長時間的事情，我們想成為大作家必須一點一滴的去累積。就像是人的成長，必須要經過童年、少年、青年，然後才能到壯年、老年。我們不可能一下子就從嬰兒長成老人，必須要慢慢、一步一步的成長。寫作也類似這種情況，一開始我們寫出來的內容品質很差，但慢慢就會寫出好東西了。

寫作是一個漫長的過程，必須一天一天去累積，才能水到渠成。我們需要把寫作當成一種慢功夫，就像是喝咖啡一樣，只有一口一口去品味，才能品出芳香。

沒有人可以一口吃成大胖子，寫作更需要一點一滴的去累積，只要時間長了，每天不間斷，最終就會成為大作家。

有一個小孩子，非常羨慕大作家能寫出那麼優秀的文章，問爸爸：「為什麼我寫不出那麼好的文章呢？」爸爸說：「你現在年紀還小，等你長大了，就可以寫出那樣的文章了。」小孩子說：「只要長大我就是大作家了嗎？」爸爸沉默了一下說：「寫好文章並不是一下子就能達成的，必須要經過漫長的過程，而這個過程中都要堅持寫作，如果你現在不開始嘗試的話，以後也堅持不下去。」兒子不了解的問爸爸：「難道我現在就要開始寫了嗎？」爸爸說：「對，每天堅持下去，時間久了，你就會寫出好的文章了。」

「是這樣子的嗎？」

「你嘗試一下就知道了！」於是小孩子每天堅持寫作。多年過去了，他已經能夠寫出一篇篇優美的文章了，這時候他才了解爸爸一席話的真理。

寫作是一個慢過程，我們不可能一下子成為大作家，必須要慢慢去累積。只有每天寫作一點點，養成每天寫作的習慣，漸漸的，文筆會越來越優秀，文章也會越來越出色。

一個年輕人想成為大作家，他就天天在神像面前禱告：「神啊，讓我早一日成為大作家吧，我會每天供奉您。」這樣他雖然很真誠，但始終沒有成為大作家。這位年輕人氣憤極了，責怪神靈說：「我那麼虔誠，你還不達成我的願望。」這時候神靈開始說話了：「你想成為大作家，那麼得去實踐啊！」不實踐怎麼能完成夢想呢？

但要明白，去實踐也不一定能成為大作家，關鍵是要堅持到底，這樣才能得到文學之神的青睞。每天寫作一點點，是一種簡單的事情，只有堅持下去才會不簡單。

小結

每天寫作一點點看似簡單，但如果不堅持下去，照樣不會成功。堅持下去，積少成多，不知不覺中，已經拿到了成為作家的入場券。要是我們中途放棄的話，可能永遠和作家無緣了。何不堅持到底呢？每天寫作一點點，我們會受益匪淺。

招數15　要品質還是要速度

一位一年寫了十幾本書的作家痛苦的說：「我還不如那些一年寫一本書的作者過得好，至少他們不會那麼勞累。哪裡像我，早起貪黑，一年辛辛苦苦，到頭來，只能兩袖清風過日子。」

這位作家把寫作和金錢聯繫在一起，當然會產生一些煩惱。的確，有的作家一年寫一本書，就可以無憂無慮的生活，而有的作家卻要拚命寫作，還難以維持基本的生活。這和很多因素有關，例如：作家的名氣，作品的品質、包裝等。

一個沒沒無聞的作者，就算他寫了一部曠世巨著，在一開始往往是難以贏得世人的認可的，需要經過時間的磨礪，當讀者接受了他，他才能名利雙收。相反對於那些已經成功的作家，他們成功後所寫得每一部作品，都會得到讀者的重視，就算差強人意，也會帶來可觀的經濟收入。而那些初出茅廬的作家們，只有經過時間的磨練，才能過上幸福的生活。

我們不必抱怨沒有別人生活得幸福，不必抱怨辛辛苦苦了一年，到頭來賺的錢很少。要知道那些有名望的人，他們不費吹灰之力就可以坐擁金山，而在此之前，他們費了多大的力氣，才到達這種境界。或許我們現在的辛勤的付出，是為了將來過得更好，等某一天我們成功了，就不會這麼累了。

一位青年作家很有自信說：「我現在每月都要寫一本書，我知道很累，但我仍要堅持下

去，等打出了名氣，那時候我可能就三十歲了，一年寫一本書就可以衣食無憂了。」

這位青年作家的想法，雖然有一定的道理，但若干年後他是否會贏得讀者的認同呢？還是會打一個問號，就算他作品很多，沒有讀者滿意的，若干年後他也很難過上像樣的生活。

這就如同我們去市場上買東西，同樣的東西，我們都喜歡挑物美價廉的，而價格一樣，我們就會選擇優質的東西了。讀者也是一樣，他們選書的時候，往往選他們喜歡的、比較好的，要是你的作品很差，雖然有可能被放在顯眼的位置，但讀者只是看見，雖然會停留腳步翻開幾頁，但當他們感覺裡面的內容索然無味時，就會搖搖頭，很不高興的離開。要是偌大的書店裡，你雖然只有一部作品，但那部作品能引起讀者無限的興趣。毋庸置疑，你會因為那部作品帶來可觀的收入。當然前提是和出版社談版稅，如果是買斷的話，書賣得好與壞已經與你沒有多大的關係了。

我們需要抓住讀者的眼球，不能太注重速度，往往欲速則不達，一旦我們有一部作品打響了，其他的作品也會跟著水漲船高。我們需要塑造那一部成名作，好的作品是我們的鐵飯碗。

就算我們的作品寫得很好，也不一定能有可觀的收入，這時候不必苛求讀者的贊同。是優秀的作品，終會經得起時間的考驗的。試想，你未來的道路還很漫長，你年輕的時候寫了一部好作品沒有被發現，當你年老的時候，那部作品已經被大為重視，對於一個作家，能夠被重視就是莫大的喜樂了。當然我們年輕時，可能不會寫出多麼優秀的作品，因為我們的社會閱歷還不夠豐富，一些知識還不足。但是說不定某一天我們的作品就會一炮走紅，我們會因為那部作品重獲新生。

試想，你走向社會，需要生存，如果只靠寫作生存的話，是很難維持下去的。在你還沒有得到讀者的認可時，必須要拚命寫作，以求契機，希望握某一天可以發達。

所以速度和品質都重要。在我們還很年輕的時候，往往很重視速度，可以一年寫十幾本書，在我們成熟一些的時候，就注重品質，可以幾年寫一本書。對於這些差別，我們要看清楚，只要活得自在，無論是寫得多還是品質好，之間能有多大的利弊呢？

小結

我們一開始創作會寫得很多，因為這時我們只是初出茅廬，需要為生存而拚命寫作。一旦我們有成就了，我們的速度就想當然的慢了下來，有時候要幾年才能寫一本書。我們要釐清這種關係，才能留下優秀的作品。

招數16　寫文章要精益求精

有一位青年才子問一位頗有聲望的老作家：「怎樣才能寫出優秀的作品呢？」老作家說：「精益求精。」

的確我們創作不可以敷衍了事，尤其是要對讀者負責。要知道一部作品的問世，除了代表你個人的想法、價值之外，將會影響到其他的人，而且這部作品的問世，要花費很多物力、財力。

在寫文章的時候，不可三心二意，認為只要寫完就可以交差，就可以出版了。試想，天下的作者那麼多，有的作者的文章很優秀，為什麼那些文章沒有出版呢？

與他們相比，你是幸運的，至少你得到了出版社的肯定。我們要珍惜這一次來之不易的機會，善待自己的每一篇文章。反覆修改，以求極致。

當然我們會感覺很疲憊。但當看到讀者欣慰的眼神，寄來讚揚的信件時，我們就會心滿意足了。要是作品馬馬虎虎、寥寥草草，無疑不會引起人神共憤，別人見到你的時候不再是投來崇敬的目光，而是對你指指點點說三道四，你想有那樣的結局嗎？

我們寫了一部好作品，將來回味的時候會意猶未盡。那時候多麼有才華，贏得了太多讀者的讚賞；那時候年少有為，很多人都知道你的名字。

你會回憶那些美好的時光，那美好的時光，是要你有優秀的作品問世。只有優秀的作品問世，你才能留下一段美好的回憶。

至於創作出優秀的作品，往往我們的能力有限。這時候就要精益求精了，力圖每一篇文章都做到最好，無所挑剔。我們滿意了，讀者才有可能滿意。

歷史上，很多人都因為精益求精，寫出好作品成就了自己。盛唐時期的大詩人白居易，他每寫一首詩，都要念給老嫗聽，以求更好；法國的小說家莫泊桑，他在寫〈羊脂球〉(*Butter ball*) 的時候，師從福樓拜，福樓拜對他說，只有那部作品讓他滿意，他才可以付梓出版，於是莫泊桑反覆修改，力求老師的滿意，後來福樓拜終於滿意了，〈羊脂球〉才得以問世，而這部作品也成為莫泊桑的代表作，轟動一時。

我們也可能會遇到和歷史上名人類似的事情。例如：我們出版一部書籍，出版社要求我們反覆修改，你是置若罔聞還是去修改呢？這時需要接受出版社的意見，要知道，出版社都在為作者考慮，你的作品好，不光對你有益，對出版社也大有好處。試想，一個很差的作品，哪個出版社願意付梓出版呢？

寫文章要精益求精，不只為你自己，也為你的將來著想，你會因為一部優秀的作品，讓你身價倍增、回味無窮。

小結

我們寫文章要對讀者負責，不可勞費讀者的精力、財力。文章達到了無懈可擊的程

度，才能對得起讀者，也能對得起我們這個「作者」。等將來想起來的時候，無疑不會心一笑，幸好當初把文章寫到了最好，才贏來了今天的地位，否則徒有虛名只會讓別人嘲笑。

招數17　調整好作息時間

有一個作家，他喜歡半夜寫作，他認為那時候頭腦比較清晰，文思泉湧。而光靠寫作難以生活下去，他不得不謀求一個編輯職位。

他開始上班，就不能再像家裡那樣自由了。可是這種作息制度和作家平常的作息時間不相吻合，為了適應，他只好努力改變。

這個作家雖然有可能按照正常的時間上下班，但如果不去調整好，只會影響工作。

同樣有一位作家，他卻做得很好：

這位青年作家，大學畢業後，靠著寫一些文稿賺了不少資金，他希望能穩定下來，當一個專職的作家。於是他在郊區租賃了一間房子。原因為郊區比較清靜，不會有人打擾，可是他的鄰居每天上下班都來來往往，嚴重影響了他的創作進度。青年作家想了想，他不能再每天早上六點多鐘起床，晚上二十二點鐘睡覺了。他開始調整自己的作息時間。現在他每天早上八點多鐘起床，晚上凌晨才睡覺，恰好避免了和鄰居的時間衝突。這樣能有更多的清靜時間去創作，青年作家也創作了越來越多的優秀作品。

只要清靜的時間足夠多，就可以全神貫注創作，就能創作出更多更優秀的作品。

小結

作家都喜歡清靜的時候創作，而清靜的時間不常有，這時候就要避開和別人的時間衝突，盡量擠出更多清靜的時間讓自己創作。這樣思維才能不會紊亂，頭腦才會清晰，才會產出佳作。

招數18　時常出去透透氣

一些作家常抱怨，他們的生活很無聊，除了寫作就是寫作。此種情況下，為了好好的創作，我們需要出去透透氣。

例如：當自己無法寫作下去的時候，到一個清幽的地方，親近大自然，我們就可能靈性大發，當返回書房的時候，有好多東西要寫。而在我們無聊的時候，不知道如何打發時光，不停搔首，唉聲嘆息，那無疑是在和自己過不去！

我們需要出去透透氣，讓自己的心靈更新，讓不快樂在大自然的洗滌中渙然冰釋。看看那些藍天白雲朵朵，桃花迎著春風笑臉盈盈，有百鳥啁啾，有蝴蝶翩躚，那是何等美的享受！只要我們不過多奢求，非得把自己關在屋子裡，我們就可以找到靈性，不再以為寫作無聊透頂。

我們需要出去透透氣，長時間待在家裡寫作，會讓自己身心疲憊，如果不出去放鬆的話，長時間下來可能會讓自己積勞成疾。

我們要善待自己，該寫作的時候好好寫作，當寫不下去的時候出去透透氣，這會對你的寫作大有裨益。

有一位男孩，他格外喜歡寫作。寫作是漫長而艱苦的過程，男孩卻毅然的堅持下來。他過得很自在，而且寫出了大量的優秀作品。別人不了解為什麼他會那麼清閒，而且贏得別人

的崇拜。男孩說，與其絞盡腦汁不知如何寫下去，不如聽聽大自然的聲音。這樣才能得到文學之神的眷顧，才能寫出好的作品。

寫作是一輩子的事，我們不出去透透氣，最大的可能是累垮身體，很難寫出優秀的作品。當勞累的時候，出去散散步，喝杯咖啡，看看公園裡歡笑的人們、藍天上自由自在飛翔的小鳥。

小結

作家不是一味創作無所休息，還是需要接觸大自然。那些殫精竭慮的作家，往往會活得疲憊。與其和自己的身體過不去，不如時常出去透透氣，呼吸新鮮的空氣，會讓我們稀釋心中的煩惱，不再認為寫作讓自己苦不堪言。

招數19　隨時隨地都要思考

有一位作家想和一家出版社簽約，出版社的主編說：「我們非常羨慕你的文采，不過目前你目前還沒有我們想要出版的作品。不如這樣子吧，你回去寫一部你最滿意的作品，說不定我們就可以簽約。」作家說：「我的每一部作品我都滿意，我也不知道對哪一部作品最滿意，我回去再寫一部，不一定是我最好的作品。」出版社的主編說：「既然這樣那你就再嘗試寫一部吧，我幫你規劃，然後由你來代筆，如何？」作家說：「好吧！」出版的主編接著說：「在你寫這一部作品的時候，要仔細思考，不能敷衍了事，我需要你思考後的作品。」作家說：「當然，我一定會寫得讓你滿意的。」於是在達成協議後，作家回到家裡認真思考，思考怎樣才能寫好那本書。一個多月過去了，作家終於寫好了那本書，把稿子交給了出版社的主編。出版社的主編說：「不錯，這正是我要的，我們簽這本書的合約吧。」作家高興的都快要跳了起來。

要對自己的作品負責，要寫出思考後的作品，這樣才能讓出版社滿意，出版社才會願意和我們簽約。要是為了趕時間，隨隨便便的寫，出版社往往會不高興。

一位作家答應了出版社要寫一本書，出版社給他四十天的時間。可是不到二十天，作家就把文稿交給了出版社。誰知出版社反覆讓他改稿，作家又花了很少時間，才最終使得那本文稿過稿。

作家急於求成，偏偏欲速則不達。我們需要清楚這一點，不能急於求成。

有一位青年才子，他一年內寫了十多部優秀的書籍，很多人不了解的問他：「你怎麼能寫那麼多書，而且都是好書呢？」青年才子說：「我在寫每一本書的時候，都在思考下一步如何創作，就連我吃飯，外出休息的時候，也想著回來後怎麼寫作。結果速度很快又不失品質。」

這位作家因為隨時隨地去思考，他寫得作品才可能品質和速度都是上乘。所以寫文章要多動腦筋，這樣寫出的文章才有深度，才有內涵。要對寫出來的內容負責。內容不好是我們的錯，內容優良才能讓我們獲益匪淺。

小結

寫文章需要動腦筋，才能寫出好文章。要是憑空想像，自己也不知道表達的是什麼意思，更別說能引起讀者的興趣。當然這樣的作品不會流傳，一段時間後可能就會被淘汰。而只有那些經過思考的作品，才能耐得住時間的磨礪，才能經得起文學的考驗永成經典。

招數20　不錯過瞬間的靈感

靈感是一種看不見摸不著的東西，它轉瞬即逝。許多作家寫出好的作品往往需要靈感，然而靈感不常有，我們常常絞盡腦汁也無法寫下去。這時候就有了才思枯竭的感覺！在我們沒有靈感的時候，應該怎麼辦呢？當然是尋找靈感。

而靈感隨時會潛伏在我們身邊，在我們絞盡腦汁寫不出半點東西之後，忽然間靈感降臨。

靈感就是那麼飄忽不定。

我們要抓住瞬間的靈感，以免失去了就不再來。

有一位青年作家，他活得很自在，很多人不了解為什麼他會那麼悠閒，而且能創作出很多的作品。後來作家告訴他們，他並不是一直在寫東西，他常常在靈感忽然降臨的時候，努力抓住那片刻的靈感，然後就能寫出出色的作品。而當靈感褪去了，他就休息，無所渴求。這樣他的作品很優秀，也能得到休息時間。

青年作家抓住瞬間的靈感，他才能寫出絕佳的東西，才能有時間多多休息。靈感可遇不可求，在我們寫不出來東西的時候不要強求，需要給自己放鬆，出去尋找靈感。或許在偶然的一剎那，你就會才思敏捷，用很短的時間寫下傳世之作。

只要我們在無法寫下去的時候不去過多苛求自己，只要我們在靈感來臨的時候創作下

去，時間會證明，我們將會是一個出色的作家。

小結

靈感是一種無聲無息的東西，說不定突然間會降臨，突然間又會消失。我們要抓住瞬間到來的靈感，說不定可以因為某一個靈感，改變我們的人生，昇華我們的價值。

招數21　聚精會神不去分心

作家創作需要一個安靜的環境，當然更需要聚精會神不去分心。在我們創作的時候不可以三心二意，要全心全意投入創作，這樣才有可能創作出優秀的作品。

而有的人在寫作的時候並不是聚精會神，他一下看看電視，一下玩耍，再去創作，豈不知這樣一部作品的完成，往往要花費很長的時間。如果聚精會神不分心，會很快把作品創作完，何必在創作的時候三心二意呢？那樣只是在浪費時間。

我們需要創作的時候一心一意，不能東張張，西望望，一曝十寒，這樣永遠也成不了大事。那些能創作出優秀作品的作家往往是戒慎恐懼的去創作，才能用很短的時間創作出優秀的作品。當然有的人就說，他也想聚精會神，只是他居住的地方比較嘈雜，很難靜下心來。但要知道縱使外界紛紛擾擾，你的心是平靜的，照樣不會被外界所干擾。這就是有的偉大的人物，可以全神貫注的工作，而忘乎所以然的原因吧！

有一位大作家，他每次寫作時總是靜下心來八風不動，而當他不想寫作的時候就和朋友們談天，一旦靈感降臨，他又會再一次伏案寫作。

又一次，他的幾個朋友來到他家裡做客。剛好大作家比較清閒，就熱情的款待了他們。下午，他們吃過飯後坐在客廳裡談天，大作家忽然覺得文思泉湧，就對朋友們說：「我現在要寫作，等我一下，我到書房裡把這些所想的東西寫下來，就過來陪你們。」朋友們答應了，

於是大作家走進了書房。

朋友們等了幾個小時，還不見大作家出來。這時就有的朋友按耐不住了，他悄悄的溜進了書房，看到大作家正全神貫注的寫作，不忍心打擾他，又悄悄的回到了客廳。其他人問這位朋友：「他在做什麼呢？」這位朋友說：「在全神貫注創作呢，想停都停不下來。看來我們還是不去打擾他好了。剛好我下午還有約，不如我先離開了，等他停下來的時候代我轉告他。」其他的幾位朋友答應了，這位朋友只好離開。

其他的幾位朋友在客廳裡又談了很久，眼看就要夜幕降臨了，而大作家仍在一心一意的工作著，他們不忍心打擾，只好一個個離開。大作家的妻子從廚房走了過來，開始清掃環境。這時候大作家忽然跑過來問：「我的朋友呢？他們都去廁所嗎？」妻子呵呵一笑說：「都走了。」

「都走了？」大作家略有所悟的說，然後又走進書房，繼續創作起來。吃晚飯的時候，大作家和妻子談話。妻子說：「你真是的，朋友過來做客，你還跑去寫作。你看看多尷尬。」大作家也不好意思，說：「下次我向他們賠禮道歉就行了。」妻子說：「你的朋友不會怪你的，正是因為你有這種精神，你才能寫出許多優秀的作品，你出版的書籍，他們回到家都在細細的品味，剛才你的一個朋友還打電話，誇獎你的作品寫得很棒呢。」大作家一聽，不好意思的笑了。

這位大作家能夠全神貫注寫作，他當然能夠寫出優秀的作品。而有的人在寫作的時候可不是這麼聚精會神的。

有一位小才子在寫作的時候，他一下玩弄鍵盤，一下吃蘋果，一下瀏覽網頁，一下跑到花園裡散步……就這樣他寫一篇五千多字的文章整整花了一天。晚上父親回來了，看到兒子寫得五千字的文章說：「你今天怎麼就寫這一點，而且有的措辭不當，還有錯別字，病句？」兒子只好把三心二意的事情告訴了父親。父親說：「你不能再這樣了，這不是一個作家的風範。優秀的作家必須要全神貫注去寫作，這樣才能既節省時間又提高品質。難道你想寫了一輩子都寫不出一部作品嗎？即便你真的寫了一部作品，像這樣錯誤連篇，怎麼能拿出來見人呢？」兒子很慚愧的低下了頭。

這個小作家寫文章一心多用，當然速度和品質都會大大降低。我們不要寫文章時三心二意，抓住分分秒秒，全神貫注，這樣才能創作出優秀的作品。

小結

寫文章不同於兒戲，必須要聚精會神，不能馬虎。一心一意，才會把文章寫到最好；三心二意，你自己知道你的文章真正所要傳達的是什麼意義嗎？更別說能讓讀者一目了然，感興趣的讀下去。

招數22　作品要寫就要寫完整

就算我們有想法要寫出好作品，往往是只寫了半截就停筆了。這樣雖然會有一個大致的構思與方向，別人也會對那部作品的結構大為驚讚，可是沒有下文，你是想讓別人續寫呢？還是要故意留下懸念？

要給讀者一份完美的作品，不能寫了一半就讓讀者去猜測以後的後果。要知道讀者的猜測會千變萬化，況且只有你才是作者，何必要讓別人「續寫」呢？

有一位青年作家，他有一個念頭要寫一部，和家鄉有關的長篇小說，可是他動筆後寫了一段時間，就再也不想寫下去了。因為這時他又想寫另外的一部小說，於是他停下手頭的小說，去寫另外的一部小說。就這樣這位青年作家一直是半途而廢，很多年過去了，他是寫出了不少的作品，但都不是完整的作品，出版社也不會讓他出版。而這位青年作家並不算是優秀的作家。

我們不能寫文章只寫了一半讓別人去猜疑，只有我們自己才有那個資格把文章寫完。當然別人可以續寫我們的文章，但風格、所要傳達的思想等將會和我們的有所不同，我們往往會發現只有我們「續寫」的才往往是最好的。

就像是《紅樓夢》，曹雪芹只撰寫了前八十回的文章，如果他把《紅樓夢》寫得完整，相信《紅樓夢》一定比今天的價值要好得多，可是就是因為他沒有寫完整，後來出現了許多

招數 22　作品要寫就要寫完整

不同續寫的版本，而沒有一部讓人很滿意。當然高鶚續寫得有幸成了《紅樓夢》的「結局」，但與曹雪芹本人寫《紅樓夢》預想的結局多少有落差。只可惜曹雪芹沒有把《紅樓夢》寫完就與世長辭了。

同樣的是英國大詩人拜倫，他的代表作是《唐璜》等，而《唐璜》並沒有被他寫完整，結果成為了文學史上的遺憾。

把文章寫完整，不能讓別人去猜測、去續寫。或許你這樣認為，就像斷臂的維納斯一樣，只有給別人留下缺陷，才會讓別人感覺美感無限。但要知道你的一部作品沒有創作完畢，別人來代寫，可能會扭曲你的意思，代寫的結果遠遠不令你滿意，既然這樣，自己的作品何必讓別人「糟蹋」，多此一舉呢？

有一位寫武俠小說的大作家，他寫那部小說寫了三分之一了，決定到外面度假一段時間，臨行的時候，他請他最好的朋友過來，讓他幫忙寫一下剩下的段落，那位朋友爽快答應了。然而幾個月後，大作家回來了。朋友滿懷驚喜的告訴他：「我已把大作續寫完成了，這幾個月我累得不得了，你看都瘦了一圈了。」大作家非常感謝這位朋友，當天請他吃了飯，並送給了他一些東西。可是在大作家返回屋子裡，查看那些稿子時他卻不停搖搖頭。沒想到最知心的朋友，寫出的作品完全和他所要傳達的意思大相徑庭。大作家很不高興，可是他的朋友付出了那麼多的努力，也只好默認了。大作家只好自己去寫他當時沒有寫完的稿子，把朋友的「續寫」放在一邊。

把文章寫完整，這是對自己負責，也是對讀者負責，而那些只寫了半截就停筆的人，往往難以成大器。

只有靜下心來寫文章，把文章寫得完完整整，無懈可擊、滴水不漏，才能讓別人認為這是你寫得最好的作品。

小結

作品要寫完整，寫了一半不會是好的作品，只有把作品寫完整，才是對自己負責。

招數23　保存好資料不丟失

有時候我們辛辛苦苦創作出來的東西，卻因偶然的因素消失了，我們往往會懊悔，埋怨自己當初為什麼不保存好資料？就算自己保存好了資料，往往也會出現讓自己意想不到的壞結局。

有一位青年作家，他習慣每寫一篇文章就存在電腦桌面上。就這樣這位青年作家辛辛苦苦花了一個多月的時間寫了一本書。可是就在書剛寫完的時候，電腦忽然壞了。修理電腦的人說要重裝系統，但系統裝好後，桌面的東西卻完全不見了。青年作家為此非常生氣，找到修理電腦的人說：「你把我的資料弄丟了，是我好不容易寫出來的，你怎麼賠償我？」修理電腦的人說：「你當初為什麼不把桌面上的東西備份，你應該知道，一旦重裝系統，桌面上的東西就會完全消失了，為什麼我要重裝系統你卻答應？」青年作家支支吾吾，不知該說什麼好。

青年作家沒有保存好資料，結果讓一個多月的努力付諸東流，多麼可惜！

隨時備份檔案，才不會有資料丟失無法挽回的情況。在寫東西的時候，可以設定自動保存，這樣當電腦突然出現問題的時候，那些已經寫好的東西，不會隨之消失。而我們寫好的東西，最好有幾份備份，例如：信箱裡放一份，硬碟裡放一份，電腦上放一份。

當然有的作家不是用電腦寫作，他們用紙本創作，將寫好的東西放起來。但要知道，這

樣也會有資料丟失的危險。

有一位大作家，他好不容易寫完了一部作品，他打算到外面旅遊幾天慶祝一下。可是在這位大作家回家的時候，他嚇得目瞪口呆，原來他的書房裡一片凌亂，看來是被偷竊了。他的第一個念頭就是去尋找他的那些稿子，結果他發現稿子已經被小偷弄得殘破不堪，完全不能用了。他又用了好長的時間重寫了一遍。

好好保存得來不易的作品，以免丟失再也找不回來。就怕萬一發生不好的狀況，功虧一簣。誰也不知道會遇到這種厄運，面對這種情況，也只能打起精神，後悔是挽回不了結局的。我們只能重新開始。

小結

我們寫出的資料不能忽然間就讓它消失，關鍵是要好好保存，這樣才不會白白努力，不要等到事情發生了才去追悔，一旦事情發生了就真的來不及了。而我們事先做準備，才能未雨綢繆，以防萬一。

招數24　取個書名很重要

當你走進圖書館，看到琳琅滿目的書籍，你的第一個反應是什麼？是看包裝，還是去翻閱內容？這時候我們首先要看的可能是書名、作者和出版社這三點，然後才可以決定是否值得一讀。出版社的名字很多人不會特別去看，往往是作者和書名很重要。如果是普通的作者，他寫了一部作品，怎樣才能引起別人的注意呢？這時候就要想一個好的書名了。

要知道每一本書都有一個書名，就算記不住作者，記不住出版社，記不住裡面的內容，還是會記住書名。當別人談論哪部作品寫得好，哪部作品寫得差勁時，我們的第一反應就是哪本書，而不是哪個作者，哪家出版社。

我們需要取一個好的書名。這就像是人的包裝，如果你穿著破爛的衣服，縱使你非常有錢，別人也往往認為你是乞丐，或者生活潦倒；如果你窮的身無分文，穿的都是名牌，別人只會認為你是一個富人。這就是別人對你的第一印象，往往經由外觀來判斷你！書籍也是一樣，只有一個好的書名，才能引起讀者的無限興趣，要是內容寫得不錯，你用了一個很不好聽的書名，很多讀者可能只會一掃而過，而不會去翻閱裡面的內容。

有一位散文家，他寫了一部散文集，出版社出版的時候對他說，裡面的內容很不錯，只是書名要更換一下。散文家不同意更換書名，出版社無奈，只好按照那個原先的書名出版了。想當然市場反應不是很好。許多年後，這家出版社再次印刷這部作品，散文家同意了更

換書名，結果書籍一上市，就引起了讀者的無限興趣，散文家也因此名利雙收。散文家很不解，一個人來到書店，看到讀者們正津津有味的看著他的散文集，走過去問：「你為什麼要看這部散文集呢？」一個讀者回答說：「這本書的名字很好，很吸引我，所以我決定打開看看，裡面寫的是什麼內容，沒想到內容寫得也很好，我決定把它買下來。不，我要多買幾本，不光自己留一本，還要送給我的親人、朋友。」散文家很高興，又在書店裡逛了一圈，拿出他以前出版的那個版本，走過去問讀者：「你知道這本書嗎？」那位讀者看了一下封面、書名，搖搖頭說：「不知道！」「那你手裡看的是什麼書？不是和這本書是一樣的嗎？」那位讀者感覺好奇，就兩本書對比了一下，沒想到竟是內容相同的書。

的確一本書的書名很重要，只有好的書名才會有好的價值。就像是《紅樓夢》，它以前的書名是《石頭記》、《情僧錄》、《風月寶鑒》、《金陵十二釵》等，你覺得哪個書名更能引起你的注意呢？

人們每天來來往往，異常勞碌，希望看到有吸引力的東西，好的書名會讓他們感興趣，從而讀下去。要是書名提不起他們的興趣，書就可能被冷落在一邊了。

所以書名很重要，要反覆捉摸，直到想出一個最滿意的書名，才能去運用，這是對自己的作品負責，也是給讀者的閱讀帶來方便，帶來興趣。

小結

書名很重要，好的書名會讓人很感興趣，更願意讀下去。要是書名平淡無奇，很多人看了一眼就不會再看了，更別說能有興趣去翻閱裡面的內容，這樣我們辛辛苦苦寫的書籍，豈不是讓一個不好的書名給毀掉了嗎？

招數25 當久無音訊的時候

很多時候，我們對某一部作品非常有自信，認為它能夠改變我們的人生。我們是辛辛苦苦創作，也滿懷期待的投向了出版社。可是結果並不像我們想像的那麼樂觀，很多時候，就是沒有收到出版社的過稿通知。這時我們開始坐立不定，問出版社到底什麼原因，為何那部作品遲遲還沒有消息。出版社往往會這樣回答，只要一個月沒有消息，就表示他們不會採用，你可以另投其他的出版社。可是天下之大，出版社又那麼多，到底哪一家想要採用你的作品呢？你拚命投稿，希望能遇到契機。然而你又一次被現實擊垮了，往往是稿子一去石沉大海。這時你開始否定自己，不認為自己還有創作的能力。一旦你否定了你自己的文筆，你就從此有可能和「作家」背道而馳，去也不是，留也不是，我們該怎麼辦呢？

我們往往會陷入進退兩難的處境，原以為那部作品會改變我們的人生，卻讓我們十分失望。在那部作品久無音訊的時候，我們要了解，到底是什麼原因，讓它石沉大海，或許我們寫得還不夠優秀，出版社才沒有採用；或許我們還沒有找到適合的出版社，錯過了及早出書的機會。

有一位青年作家，他寫了一部自己十分滿意的兒童讀物，就在他滿懷希望的投向出版社時，卻一次次石沉大海，而且即使有出版社回信，也是退稿、鼓勵的話語。他不相信他的那部作品不夠出色，可是出版社不願意付梓出版，他能怎麼辦呢？他只好放下了當初的念頭。

直三年後，他偶然間獲得了一間出版社的聯絡方式，就把那部作品投遞了過去。沒想到不到十多天，他就接到了要簽合約的好消息。青年作家如獲新生。

青年作家一開始投稿時石沉大海，有兩種原因，第一，他的作品寫得不夠好；第二，他沒有找到適合的出版社。還好三年後，青年作家把他的作品投向了另外的一家出版社，他才能接到出版社的過稿通知。

有一些人，他們年輕的時候寫的作品無人問津，而當他們成為大作家時，再把那些年輕時候的作品出版，已經是輕而易舉的事情。

這就是要告訴我們，當久無音訊的時候，不要刻意去等待。說不定我們沒有找到適合的出版社，再試一家就會成功。這種情況下也不要灰心喪氣，誰也不知道將來的某一天，哪部作品是否會走紅。只要我們保持一顆淡然的心態，去尋找出版社，去等待，就會有作品被付梓出版的一天。

當然那部作品遲遲沒有消息，我們不可否定自己的創作能力。說不定創作下一步作品就會成功。

只要我們不去否定自己，並一邊努力去尋找，你終會尋找到令你滿意的答案。

小結

當作品久無音訊，我們不要刻意去等待，要去出版社詢問，必要的時候換一家出版

社，說不定另外的一家出版社，就會相中你的作品。而你找了數十家、上百家都毫無效果，你可以暫且放下那部作品。

招數26　跟風作品的維護

時常我們會發現這種現象，一旦有某種作品賣得很好，其他的類似的作品也會相繼問世。這種跟風的潮流永遠不會衰減。

我們要學會模仿那些優秀的作品，這樣自己的作品才能暢銷。當然不可以完全去模仿，有時候也要有自己獨到的見解。要知道我們跟風別人，往往是別人的作品很優秀，堪為經典，我們是難以超越的。就像是電視劇，有的版本收視率很高，被視為傳世之作，結果後來的翻拍作品難以超過那個經典。這如同文學作品的跟風一樣，一旦某一類的書籍賣得很紅，其他的類似作品就會相繼問世。

當然跟風並無絕對的好與壞。我們要了解之間的關係說不定我們可以以一部跟風的作品而大紅大紫，作品也得以影響一段時間。而很多時候，我們跟風是難以超越那個被模仿的作品的，畢竟它是非常優秀的，大家才爭相跟風。我們需要好好創作出屬於自己的東西，這樣讀者才會有興趣，而你跟風的那部作品，和市場的大為雷同，哪個出版社願意出版呢？

我們需要考慮到市場，那個被跟風的作品往往是大有市場的，要不，它不會被很多人前赴後繼的跟風。而一旦那股潮流過去了，我們不需要再去跟風了。要知道有時候玄幻的小說很紅，你寫一部玄幻小說可能夠吃一輩子；而很多年後，玄幻小說可能就不那麼受歡迎了，市場上玄幻小說已經氾濫，你再開始寫，不會像當初那麼無所顧忌了。同樣，在「勵志」題材

裡，有一段時期，「寂寞」的話題很紅，於是市場上出現了大量和「寂寞」有關的書籍，很多書籍也賣得相當好。而一旦這股潮流過去，我們就需要去尋找其他的題材了。

我們總是絞盡腦汁，對一個市場上很紅的題材進行各方面的思考，然後細化到每一個點點滴滴。這樣雖然會讓書賣得很多，但那一股潮流終會過去。我們需要有遠見的頭腦，開拓新的「疆域」，這樣當某一天我們的作品出名了，別人也會相繼跟風，我們的作品就是那時的「宗師」了。而且那部作品會成為我們的代表作，讓人津津樂道。

無論如何，都要有自己的主見，都要去開拓新的市場，這樣才能在文化領域裡站住腳。否則只會跟風別人的作品，往往難成大業，不會有朝一日成為「一代宗師」的。

因此我們學會跟風雖然重要，但不可以一味的效仿那些優秀的作品，有時候讓別人跟風你的作品也不為錯，這樣你才做到了極致，才能算得上是一個優秀的作家。

小結

可以跟風，但最終要讓別人模仿你的作品，才可能算是一個成功的作家。

招數27　機會是尋找來的

有一位男生一直想出書，但一直出版不了，而他的朋友卻輕而易舉的出版了十幾本書。為此男生很疑惑，找到他的朋友說：「我感覺我並不比你的文筆差，為什麼你的書可以出版，我的書不可以出版呢？」朋友呵呵的笑著說：「你的書也能出版的，但要知道我為了出版一本書找了好多出版社，哪裡像你待在家裡希望出版社找到你。在我們沒有成為名人之前，需要主動去尋找機會，這樣才有可能獲得契機。」他索然一笑。後來又過了幾年，他還沒有出版一本書，為此朋友督促他，要主動去尋找出版社。他說他找了幾家，那幾家出版社都不願意出版他的作品，看來他注定要湮沒無聞了。朋友只好幫他推薦，沒過幾個星期，就找到了適合的出版社，他的書就可以面世了。

他不知道主動去找出版社，而希望出版社眷顧他，試想，天下的作者那麼多，主動出擊，才有可能贏得契機。

同樣有一位男生，在他寫了一部自己最滿意的作品後，希望可以公費出版，可是他找了數十家出版社，都沒有出版社願意公費出版他的作品。男孩沒有為此灰心，他繼續尋找著出版社，就這樣寒來暑往，一年過去了，他還沒有找到滿意的出版社。而就在男孩決定放棄的時候，有一間出版社的編輯打來電話說對他的作品感興趣，願意公費出版他的作品。而這家出版社是男孩從來也沒有聯絡過的，不過是其他的出版社，把他的作品和資料發送到了這家

出版社，他才有可能贏得在這家出版社出書的機會。

基於這些，我們要了解，機會不是從天而降的，尤其是要出書。我們需要主動去尋找說不定再前進一步就會成功！

只要我們不認為機會不會到來，去尋找機會，縱使山重水複，也終有柳暗花明的時候。只要心中不湮滅尋找機會的念頭，機會可能有到來的一天。

小結

機會是作家們都渴望得到的東西，然而機會是尋找來的。我們需要主動去出擊，而就算看不到希望也要堅持下去。說不定我們再走一步就會成功！要是我們就此停留，往往只會半途而廢。

招數28　選擇哪家出版社更好

作家要生存要發展，必須要有好的作品問世，然而大千世界，好的作品很多，為什麼那些人就不能成為真正的作家呢？關鍵的原因是他沒有讓別人認同他。我們需要使我們的作品發表，而作品發表大部分要和出版社接觸。

很多時候，是出版社選擇我們，而不是我們可以自由選擇出版社，在和一間出版社達成協議後，我們需要守約。當然那家出版社可能無法好好的出版我們的作品，例如：我們是寫小說題材的，那家出版社專門出版建築方面的書籍，我們何必要選擇這樣的出版社呢？

要知道有的出版社偏偏就不收小說的稿子，即便你的小說寫得多麼好，你也會吃閉門羹。

我們需要找到適合的出版社，這樣才容易打出品牌，要是建築的書籍在文藝類的出版社出版了，往往不利於出版社的發行，也不利於你那部作品產生良好的影響。

當然和出版社不符的題材他們不會接受。在出版社否決我們的作品之後，可以找下一家，只要找到適合的就行了。要是有多家出版社可以出版，需要在其中最吻合的那家出版社出版。

有一位三十多歲的女教師寫了一本教育題材的書籍，她滿懷希望去找出版社，可是數十家出版社都拒絕出版她的作品，她還是在不停尋找著，最終找到了一家令她滿意的出版社。

而出版後，沒想到她的作品一炮而紅。當初那些拒絕她的出版社才開始後悔。

女作家找到了適合的出版社，她的作品才得以問世。這不是女作家可以自由選擇出版社，而是出版社在選擇她。在女作家成功之後，她以後就可以自由選擇出版社了。畢竟她那時已經有了名聲，別人也曾經知道她寫過好的作品，很多出版社都很願意找她合作。

同樣有一位女作家，她非常有名，寫了很多兒童方面的書籍，在市場上大多很暢銷。後來她合作的那家出版社，封面做得讓她不太滿意，但已經出版了，卻沒有事先讓她知道。為此女作家很不高興，在寫出下一部作品後，就在其他的出版社出版了。

這裡並不是說女作家太過小心眼，太過計較，出版社出版的作品的封面讓她不太滿意，她當然可以去選擇其他的出版社，只能怪出版社自己，沒有把工作做到盡善盡美了。

當然我們不想和一家出版社合作，不可以故意挑它的毛病，畢竟它在其中付出了很多的努力。只要我們不去刻意追求完美就行了。

小結

我們選擇出版社，往往是選擇一家最好的來進行合作，但一開始一定是出版社在選擇我們，這時候就要知道，不能對自己的作品過於自滿。當然他們把我們的作品出版也不能不讓我們滿意。這樣才對得起自己的作品。

招數29　多用幾個筆名的利弊

有些作家愛用多個筆名，而讓人們記住的往往只有一個。就拿作家周樹人來說，人們記住的只有「魯迅」這個筆名，其他他所用過的另外一百多個筆名，人們可能已經忘記了。

對於作家來說，筆名多了有利也有弊。作家用一個筆名，可以推出作者，打出品牌，例如：一提到「××」人們就知道是某一個人，而且是唯一的一個人。作家用多個筆名，可以避免招惹無謂的麻煩。當然作家的筆名多了，會讓人產生誤解，不知道他寫的作品是否屬於他，就像是明代長篇世情小說《金瓶梅》的作者蘭陵笑笑生，想當然這是一個筆名，但到底是誰呢？眾說紛紜，有的人說是明代大官僚王世貞，有的人說是有資格被稱為「嘉靖間大名士」的賈三近，有的人說是回到寧波老家以賣文為生的以「淫縱」罷官的屠隆，有的人說是「嘉靖八子」之一的李開先……對於這些，我們不必去考究，只要了解筆名用多了會引來麻煩事就好。

有時候一個筆名就可以讓我們用一生，可是我們時常會迫於其他的原因，我們不得不去用其他的筆名，這就如同「情非得已」，而且筆名多了，並沒有絕對的利與弊，關鍵是看我們怎樣去對待。

有一個作家，他起初用一個筆名，也用了很長一段時間，可是後來出版社說，讀者很少會喜歡那樣的筆名，讓他更換一個。作家說，如果更換了筆名，讀者們就不知道是他寫的作

品了。出版社說，用一個好的筆名才能讓讀者記住。於是作家和出版社展開了辯論，最終作家做出退步，更換了另一個筆名。果然他的那個筆名大受讀者的歡迎，而且也有越來越多的讀者認識他了，作家心中懸著的一塊石頭總算放了下來。

的確筆名用多了，不容易打出品牌，但有時候我們要想一想，是否這個筆名適合自己用一輩子，要知道，只有某個筆名可以讓別人牢記一生。我們也不知道哪個筆名會讓別人記住，於是我們不停更換筆名。當然如果我們只用一個筆名，別人只會記住那個筆名。

我們要用好那個筆名，要了解它的價值與意義，讓讀者好好的記住，才能不會讓讀者混淆，才能一生有自己的品牌，有真正屬於自己的讀者群。

小結

筆名多往往是為了避免不必要的麻煩，而筆名多了也會讓別人對我們的作品混淆。到最後，只有一個筆名會讓別人記憶猶新，一旦我們有了一個十分滿意的筆名，就不要輕易更換，當然除非某些原因不得不更換。這樣才能讓讀者好好記住，才能真正打出自己的品牌。

招數30　談版稅還是談買斷

稿費有多種形式，一般而言，版稅和買斷最為常見。我們和出版方接觸，必然要談及稿費，而在簽合約之前，必須要了解稿費的問題。那麼，我們是要版稅還是要買斷呢？

往往出版方是給予買斷，因為這樣有利於他們的發行，和後期運作。對於我們作者而言，雖然可以接受買斷的稿費方式，尤其是那些編著和主編的作品，往往是以買斷來結算稿費。而我們寫的作品就需要談版稅了，因為版稅可以一年一年拿到稿費，而我們創作的作品，著作權完全屬於我們，等將來可以出版，也可以給自己留作紀念。要知道出版合約一般是五年的簽約，五年後那部作品，版權會再次歸於我們，當然應該和出版方談妥條件，五年後版權才能完全的歸於自己。而五年過後，我們可能就不是現在的樣子了，那時候我們可能已經有了名氣，我們的作品也不會像現在這麼賣得「低廉」了。而那些編著和主編的作品，對我們來說意義不是那麼大，不值得我們去在乎，但能談版稅最好，畢竟總體上算起來，版稅要比買斷好的多，尤其是書可以大賣，談版稅更適合不過了。

有的人說，版稅要在書籍出版半年後或一年後才能領到，他沒有那個時間去等待，他需要錢去生活，這時候談買斷就適合。因為買斷的話，往往是在簽約後一個月或三個月內付清稿費，當然也有出版後付清稿費的。如果我們缺錢，就要看看到底能不能等到稿費下來，無論是談版稅還是談買斷，只要對自己最適合就行了。

而有的人他們並不缺錢花，他們可以談版稅，可以等到半年或一年後拿到稿費，而再過半年或一年又可以再一次拿到稿費。

我們需要清楚這一點，是和出版方談版稅好還是談買斷好。總之出版方希望你談的是買斷，而且他們往往也給予你買斷，如果你不同意買斷，他們也沒有辦法。最壞的結果是不出那本書。

同時我們也要知道不同的人他們的稿費是不同的。例如：就一本書買斷而言，不同的作者寫的書，有的只拿到一兩千塊，有的可以拿到數十萬塊。再譬如版稅，有名氣的大作家往往版稅率比較高，首印冊數也比較多，這是毋庸置疑的，畢竟那些有名望的大作家已經有了市場。試想，同樣品質，不同作者的作品，如果讓你去選購，你會買哪一個作者的書呢？當然你會選擇那個你比較熟悉的作者的書，而不會去買那個你不熟悉的作者的書，即便買了也不會多麼關注。

所以我們需要了解是談版稅好，還是談買斷好。無論是談版稅還是談買斷，只要我們盡力，和出版方協商好就行了。

小結

版稅和買斷往往沒有多大的差別，但版稅的風險大一點，卻有可能會使自己收獲頗多，關鍵是要和出版方達成協議。如果書賣得好，談版稅最好不過；如果處境窮困，或者書不暢銷，可能就要談買斷了。具體是談版稅還是談買斷，你和出版方需要好好討論。

招數31　不要輕易相信片面之言

一位初涉社會的年輕才子，為了能及早出人頭地，他拚命寫作，一年內，他艱苦的生活，寫了大約十本作品，可是沒有出版社願意出版他的著作，原因是那些作品品質太差。迫於生計，青年才子只好放棄了寫作，在一家餐廳裡打工維生。後來幾經周折，一位影視公司的老闆看中了他的作品，說願意以電子版權購買他的作品，條件是電子書出版以後每三個月四六分成，也就是老闆六成，他四成。年輕人爽快的答應了，可是在簽訂了合約之後，年輕人遲遲等不到電子書的出版，他打電話去詢問，那位影音公司的老闆以「忙」為藉口拒接他的電話。年輕人失望了，這時候他才知道在一個人沒有履行諾言之前，千萬不能相信他。

年輕人只好繼續在餐廳裡務實的工作，可是他不想一生只是一個打工仔，他想當一個大作家，在餐廳裡他也累積了一些素材，寫了一些東西。後來年輕人還是按耐不住心中的衝動，出去尋找編輯的工作。很快，年輕的才子被一家文化公司的老闆相中。那位老闆給他很高的待遇，前提是他以前的稿子必須由這家公司代理、出版。年輕的才子迫於生計、答應了。然而一年後，這家老闆還沒有把他的作品出版。而且老闆是有理由的，是年輕的才子當初答應把作品留下來，他才許諾給年輕的才子優厚的待遇。年輕人大夢初醒，可是只能怪自己輕易相信別人的片面之言了。

對於年輕的才子，我們可能會抱以同情，也可能會指責他。他是為了夢想拚命努力著卻始終難以達成所願，只能怪他當初不謹慎，輕易相信別人的片面之言了。

要知道一個人許諾不一定會實現。只有在他實現諾言之後，才值得別人相信。這不是說讓我們不相信別人。要知道大千世界，什麼樣的人都有，我們雖然會毫無保留的信任別人，但難免別人不會對我們別有企圖。

在別人還沒有實現他的諾言之前，不要輕易相信他，尤其是拿我們的知識作為代價。我們不需要靠別人來成就自己，別人雖然會答應給我們很多條件，但只有我們創作的，才能真正屬於自己。

不要太相信片面之言，以免懊悔。必要的時候自己去尋找契機，在一個人沒有實現諾言的時候，不要輕易相信他，這是亙古不變的真理。當然別人會給你許多承諾，但終有漏洞說不定他們就會因為那些漏洞讓你啞巴吃黃連有苦說不出。

社會不像我們想像的那麼簡單，我們要對別人真誠，但不要讓真誠被別人利用。

小結

一些人往往會承諾給你一些條件，將你好不容易寫出的作品作為交換，這時候頭腦要清楚，以免遇到居心叵測的人。世上沒有白吃的午餐，別人給你優厚的待遇是有理由的。

招數32　催稿費也要有技巧

一般情況下，作家的生活來源是：稿費。無論是多是少，是我們辛辛苦苦賺取的稿費都要力圖拿到。當然事先，我們不應和那些不守信用的商家合作，即便他們說得多麼娓娓動聽，也不要輕易相信他們。

稿費是作家的生活來源，作家寫稿賺取稿費是天經地義的事情。而往往得到稿費的過程異常艱辛。很多時候，我們辛辛苦苦寫出了東西，卻很難拿到稿費，下次即便對方說得多麼誘人，也不要輕易和他合作。要知道一旦對方有一次拖欠稿費，就有可能有第二次，第三次。

試想，如果靠寫作維生的話，衣食住行哪裡不用到錢，而我們能得到錢的就可能是稿費了。對方拖欠你的稿費，對他們沒有多大的壞處，但對於你，無疑是弊大於益。你沒有稿費，就生活不下去。總之屬於我們的稿費我們一定要拿到。

然而在我們催稿費的過程中，有時候對方難免會找各種理由搪塞，例如：他們沒有錢，扣下不該的費用等。對於這些冠冕堂皇的理由，我們應該了解，我們至少得生存，不能心軟。必要的時候，以合約、法律為依據，爭取自己的必要權益。

當然在我們和他發生不愉快之後，以後就要少和他合作，畢竟不守信用的人再和他合作，有什麼意義可言呢？

而在催稿費的過程中，我們不要忘了催促，直到拿到自己應得的，我們也不可以得隴望蜀，拿到屬於自己的稿費就可以了。

這並不是說，作家的生活狀況讓人十分擔憂，必須得催稿費，有些單位是非常講信用的，我們可以放心和他合作。關鍵是遇到不守信用的商家，一再拖欠，有時候我們都催得意亂心煩，他還是找各種理由來敷衍你。往往這個時候我們會覺得怎麼這麼倒楣，為什麼會遇到那樣惡劣的人？可是事情已經發生了，我們還要生存，還有好多事情需要處理，沒有了稿費，我們身為作家怎麼能生活下去呢？

可以經由法律、合約等維護自己的合法權益。當然也有些商家十分守約，我們可以放心和他合作，一旦遇到惡劣的商家，我們就要大費周折了。不要急躁，這是身為作家應該修練的一個課題。

小結

作家需要稿費維生，拖欠稿費的商家我們需要去催促，不要被對方的冠冕堂皇的理由輕易敷衍了事，一旦我們心軟就可能讓他得逞，而我們沒有稿費未來日子一定令人堪憂。

我們需要拿到屬於自己的稿費，當然也不可以苛求，這樣才能生活下去，才能有創作的物質保障。

招數33　懂得去宣傳推銷自己

現在社會，每個行業都競爭激烈。身為作家，需要去宣傳推銷自己。否則縱使你滿腹經綸，也會被埋沒。

那些自以為有才的人，如果別人不知道他有才，就會感慨「時運不濟，命運多舛」了。

要知道機遇對每個人都一樣，為什麼有的人可以成才，有的人卻湮沒無聞了呢？

那些成才的人懂得去推銷宣傳自己。只有去推銷宣傳，別人才能知道原來你是一個作家，要是你自以為多麼有才華，等待著伯樂的賞識，要是偏偏沒有伯樂呢？你這一生不是就會很不得志嗎？

有的人說，既然有才華，為什麼伯樂不去找他呢？千里馬常有而伯樂不常有，即便有了伯樂，世上的千里馬那麼多，伯樂可能不會注意到你，從而把你忽視了。一旦我們錯過了這種機會，我們命運就不會轉變了，而此時我們該怎麼辦呢？最好的辦法是宣傳推銷自己。

讓別人意識到你是一個優秀的作家，讓別人發現原來你寫出了很多優秀的作品。只有這樣別人才會去關注你。但是這一切的前提是你的作品足夠好，你是一匹千里馬。

真正的才子、才女總能經得起時間的考驗，並不是他現在不得志，他將來就不會得志。只要有才華，是金子還是會發光的。

不過有的人說，金子太多了，如果別人不去注意那枚金子，也不會發光的。的確世上能寫文章的人多如牛毛，如果我們不懂得去宣傳自己，就有可能永無出頭之日了。

有一位才子，他寫了很多優秀的文章，然而沒有得到賞識。為此才子鬱鬱寡歡，但是他希望得到別人的關注。於是這位才子覺得需要去推銷自己。他把自己的文章貼在各大網站，而且不停向報刊、雜誌推薦。就這樣才子的機會越來越多，很快他便成為了名人，而他也是實實在在的作家了。

如果這位才子不去推廣自己，他只會懷才不遇，還好才子讓別人認識了他，他才能名正言順的成為一個作家。

那些有才華的人比比皆是，為什麼大作家卻屈指可數呢？我們不得不去做自己的伯樂，因為其他的伯樂不一定會發現你，只有自己才知道自己多麼有才華，才知道是否能夠經得起時間的考驗。當然我們不可自吹自擂，以免吹牛、名不副實讓別人輕視。

小結

作家需要成功，而很多時候會鬱鬱不得志，這時候就要推薦自己了。只有這樣做，別人才能注意到你，你才能名正言順的成為作家，當然你要有內在的涵養，否則別人只會認為你是沽名釣譽的人。

招數34　簽名售書後的隱患

在很多作家沒有成名之前，他們希望經由簽名售書讓自己「一夜成名」。但要知道任何一個優秀作家的出現，並不是知道他的人越多越好。我們可以想像，作家不同於娛樂明星，他需要安靜的環境進行創作，一旦成了眾人的偶像，引起人萬般追捧，難免會沉浸於幸福與享受之中。這時候即使再寫作品，也會心情變得浮躁，無法寫出好好的作品。

當然簽名售書不一定只有隱患，至少能推出我們的名字，讓越來越多的人認識我們。但我們畢竟不是明星，無法寫了一本書就到全國各地去簽名，一旦那樣就是商業化的道路。

我們要先知道，是要走商業化的道路，還是走純文學的道路。一旦想法不同，就會有不同的風景。要想成為出色的作家，並不是你的名氣越高你就越出色。追根究柢，一個好作家的判斷標準在於他的作品。

我們要拿出好的作品奉獻給讀者，這樣就算我們鋪天蓋地的去簽名，也不會讓讀者大跌眼鏡。當然寫了一本書，就用餘下的一年時光去簽名而不去寫作，就有可能只是一個「明星」而非真正的作家了。

簽名雖然可能讓我們獲得不菲聲譽，但在我們簽名之後要了解，會很長一段時間心浮氣躁，沉迷於塵世間的安樂，會很長一段時間寫不出更優秀的作品，會覺得不如過著這樣明星般的幸福生活，就不再是一個真正的作家了。

小結

成名的作家都會簽名售書，不成名的作家也希望藉由簽名售書達到成名。但要知道用這些方式想成為真正的作家，往往欲速則不達，因為作家必須要能耐得住寂寞，這是千百年來不變的真諦，那些簽名售書的人雖然能成為作家，但寫了一本書就到全國各地去簽名，長時間下來，就不再是一個作家，而是一個「明星」了。

招數35　好的作品帶動以前的銷售

有時候我們寫了很多作品卻不會暢銷，關鍵的原因是那些作品不夠優秀。而我們需要寫出好的作品，能流傳下來且受世人歡迎的，往往是那些優秀的作品。

只有好的作品，就連以前不好的作品也會跟著紅起來。一旦有一部作品打響了，以前被淹沒的作品也能跟著得到曝光。

有一位女作家，她寫了很多部作品，每部作品都銷售平平。因此她的收入很少，她需要不停寫作。這位女作家不認為她寫的不好，可是她的作品賣得數量很少，她拿得版稅也跟著少。考慮了許久，女作家決定全心全意寫出一部好的作品。於是一年內女作家都只在創作一部作品。她的朋友知道後，問她：「你以前一年都要出四五部作品，為什麼今年都沒有出一部作品呢？那樣你不是很窮嗎？」女作家說：「我以前的確每年出了很多作品，但業績平平。我現在要寫出一部出色的作品，希望這部作品能夠紅起來。」一年後，女作家終於寫出了這部她最滿意的作品，投給出版社。在書出版後，這本書果然銷量很好，而且她以前的作品也跟著暢銷起來，女作家的收入也變得豐厚。

要是女作家不寫出好的作品，她的作品不會暢銷，她以前的作品也不會跟著暢銷。還好女作家最終寫出了好作品，她以前那些無人問津的作品，也開始變得炙手可熱。

我們需要寫出好作品，如此能使我們贏得名譽，能帶動以前不好的作品。這就如同一句

招數35　好的作品帶動以前的銷售

話：「一人得到，雞犬升天」。要是沒有那一部好作品做引，我們的書籍可能永遠不會暢銷。

當然在寫出一部好的作品後，我們可能無憂無慮，名利雙收，但也不要因此沾沾自喜，很多人就敗在這個節骨眼上。他們在寫出一部暢銷的作品後，就自以為了不起，結果難再有優秀的作品問世。

我們不需要在贏得財富後就心滿意足，要知道創作沒有止境，我們必須要不停創作，寫出更優秀的作品。這樣讀者才會不斷對我們的作品感興趣，我們收入才會越來越豐厚，才能擠入優秀作家的行列。

一部好作品帶動其他作品的銷售，這是可喜可賀的。我們之前的作品變得暢銷的關鍵原因，有兩種要素，第一，我們以前的作品寫得確實不錯，當讀者發現了，會對我們大為崇敬；第二，我們以前的作品之所以不暢銷，是因為真的寫得不夠好，即便因一部好作品帶動了起來，讀者也不會認為我們多麼有才華。

只要我們不湮滅掉創作的夢想，即便以前的作品寫得不好，我們後來還會有更多的作品，而且一部比一部優秀，讀者只會讚賞我們，而不會再貶低我們了。

所以寫出一部好的作品很重要，它可以帶動之前不好的作品銷售。但要知道在此以後，還要有好好的作品問世，不然讀者只會對你一時感興趣，漸漸的你和你的作品就會被冷落了。

小結

寫出好的作品，這樣以前不好的作品也會得到暢銷。保持優秀，才會擠入暢銷作家的行列，成為一個優秀的作家。

招數36　自吹自播反而不太好

有一位青年作家寫了一部十分暢銷的作品，從此以後他成了市場上炙手可熱的偶像級作家。作家也因此沾沾自喜，自認為是那個時代的代表人物。從此以後，他天天去演講，去推銷他的那部作品，自詡是天才，才能寫出那麼暢銷的作品。然而作家是贏得了別人的認同，可是許多年後，他仍然靠著那部作品吃飯。有的人就問他：「大天才，你是否是才思枯竭了呢？怎麼再也寫不出好的作品了呢？」作家說：「我還不想寫，要寫還是會寫出好作品的，況且我現在不愁吃穿，而且是人人崇敬的『大作家』，何必再去寫一部作品擔心生計呢？」就這樣又過了很多年，別人已不再對作家和他的這部作品感興趣了，這位作家便沒沒無聞了。

自吹自播，不去潛心修養，將會產生無法預料的後果。我們不需要那樣自詡自己是天才，只有拿出來的作品才是鐵證。我們需要努力創作，只有寫出好的作品，才能維護我們的名譽、身分等。

對於那些自詡為是偶像級的作家們，他們必然會沉浸在享受中，而當有一天他們真的「才思枯竭」了，有可能會垂首頓足，不知道如何是好。

我們需要意識到這一點，現在我們因一部作品而大紅大紫，我們當然可以去吃香喝辣，可以風光一段時間，但不能一直放縱。要知道終有才思枯萎的時候，一旦我們再也創作不出好作品，只會讓人嘲笑。

只有潛心創作才能維護自己的身分、地位、名譽等，這一點毋庸置疑。

小結

我們年少時就能寫出優秀的作品，但不要因此自以為是，以免再也寫不出好作品。

招數37　拒寫不想去寫的作品

有一位書商非常欣賞一位作家的文采，於是前去拜訪。作家熱情款待了這位書商。書商說：「可否為我寫一部作品？」作家說：「寫什麼樣的作品？」書商說：「我最近想出兒童教育的書籍，已經想好了書名，能否由你來撰寫？」作家想了一下說：「對不起，我對這樣的題材不感興趣。」書商說：「要知道我會給你很高的報酬，這麼好的機會怎麼能推託呢？」作家說：「我寫作並不是單純為了報酬，如果讓我寫不願意去寫的東西，豈不是強人所難嗎？況且如果我去寫，寫出的品質也不會讓您滿意，因為我很少接觸過兒童教育方面的題材。」書商想了一下，知難而退，和作家談論其他的話題了。

的確如果我們不熟悉一個題材，若不想去寫就需要拒絕，以免寫出來的內容讓人不滿意，讓別人嘲笑。

我們需要清楚這一點，如果接受別人的邀請，就要為別人寫出好文章，如果我們寫不出就需要拒絕別人。這是對自己的誠信負責，也是給別人一個完美的答覆。

當然有的人說拒絕別人會很難堪，但如果你不拒絕，硬著頭皮寫下去，寫出的文章讓人大跌眼鏡，從此以後，你在他心中的形象會大為降低，而且他可能不再會委託你寫文章。

有一位高材生去應徵，經理看了他的簡歷，覺得他有能力勝任文字工作。於是相邀高材生在一家咖啡廳詳談。他們談論過後，經理讓高材生寫一篇文章，第二天交給他，高材生答

應了。回到家後，高材生就認真開始寫，然後寄了信給經理。可是高材生再也沒有接到經理的通知。高材生不知道為什麼，就打電話去詢問。經理說：「原以為你的文章會寫得非常棒，沒想到這麼差強人意，對不起，我們沒有合作的可能。」高材生還想解釋，經理那邊已經掛斷了電話。

高材生吃了閉門羹，是他故意去展示自己的文采嗎？當然不一定是高材生自作聰明，若對方對他不滿意，或者他沒有對方想像的那麼好，對方就可能把他拒之門外。

看來我們不能輕易展示自己，不需要去寫自己不想寫的東西。當然有時候我們不想寫也不得不去寫。

有一位大作家去參加朋友的聚會，聚會上同行的幾個人不相信他是名副其實的作家。一個人說：「我們現在正有興致，不如各吟一首詩？」其他的作家都拍手叫好，那個人就自斟自飲了一首詩，其他的人也相繼吟了起來。輪到大作家，大作家說：「我今天不想吟詩。」那些人對他投來了鄙視的目光。一個人說：「你不可能不會吟詩吧？你可是一個大作家啊！」大作家說：「你們吟詩助興是你們的雅好，我可沒有那個雅興，況且我從來沒有自詡為大作家，我只不過是靠文字維生的一個人罷了。」其他的人哈哈大笑，另一個說：「看來你真是沽名釣譽了。」說完又大笑起來。大作家不急不躁，隨即站起來吟了一首詩，而大作家的這首詩比他們的都好，他們頓時鴉雀無聲，對大作家投來了敬佩的目光。

有時候我們並不想彰顯自己，但事非得已，就像這位大作家一樣，如果他不拿出真本領只會成為笑柄，還好大作家脫口而出，吟詩出來，別人才對他改觀。

我們需要清楚這一點，別人實在強人所難只好去應付，而無論如何都要有拒絕的理由，畢竟我們不是供別人嘲笑的笑柄，但無論如何，都要給他人一個完美的答覆。例如：我們為什麼拒絕別人，這樣才不會讓他人難堪。不給他下臺的餘地，他有可能懷恨在心，下次和你再見時，可能不再是朋友而可能是敵人了。

所以我們可以拒寫自己不想去寫的東西，但要給他人一個適合的理由，不讓別人下不了臺，這樣才不會處處樹敵，才不會讓別人認為你表現自己。

小結

我們可以接受別人的邀請，去寫他們想讓我們寫的文章，我們也可以拒絕，畢竟我們不是他們的機器，但要給他們一個適合的理由，不要讓他們過於難堪，這樣他才不會認為你高傲自大，你們之間也有進一步合作的可能。

招數38　參考別人的意見

作家們寫文章往往覺得自己寫得最好，但需要聽聽別人的意見，這樣才能進步。要是我們充耳不聞，往往是在毀我們自己。

要知道別人給我們的意見，往往是出於好意。我們可以採納，也可以不予採納，關鍵是要去聽取，如果你不去聽取，你能知道他提出的是不是好意見嗎？

就像是去看表演，在去之前，我們可以去也可以不去，而看過之後，我們才知道是否滿意。別人給我們的意見也類似，我們可能會採納，也可能不會。但首先要去參考，只有參考，才能知道是否有採納的可能。

有一位作家，他寫了很多書，然而都沒有獲得巨大的轟動。作家不了解的就問一些讀者。那些讀者說了很多問題，作家都虛心採納。後來作家在寫下一本書時，就避免出現類似的問題。漸漸的，作家的書寫得越來越好，他當然也成了出色的作家。

作家參考別人的意見，才有可能大獲成功。要是他不去參考別人的意見，可能不會了解作品為什麼不會成功，而他也不會成功。別人會知道我們的作品哪裡寫得好，哪裡寫得不好。當局者迷旁觀者清，這一點我們不得不去了解！

有一位作家寫了幾篇散文，很滿意的點點頭。這時他的朋友過來了，在看完那些散文後說：「文章寫得不錯，不過如果再改動幾處就更好了。」作家問：「哪裡有問題嗎？」朋友說：

「如果這段句子換個形容，結尾再更動一下，這篇文章會更好。」作家就按照朋友的說法更動了，最後贏得好評。

有一位作家寫了一篇文章，讓他的朋友修改一下。但朋友修改後，作家總覺得沒有修改前的好，作家又不好意思去責怪朋友，只好自己去修改了。

作家可以參考朋友的修改意見，但不一定完全要按照朋友的修改意見。畢竟人云亦云說不定朋友的意見沒有自己的好呢？

而很多時候，意見往往是讓人難以接受的。「忠言逆耳利於行」，好的意見往往不會讓人輕易接受。但如果不去接受，後果會很嚴重。

還記得歷史上的那些故事嗎？商紂王因為沒有接受忠臣比干的意見，後來亡了國，吳王夫差因為沒有接受忠臣伍子胥的意見，後來也同樣亡了國。

對於這些，我們需要保持清醒的頭腦，即便創作是簡單的事情，但我們需要去接受別人的意見。這樣才能不斷改善自我，使作品得到完善。

參考別人的意見，並不是讓我們一定要去接受，但需要去參考，不去參考就不能好好的改變自我。而最終的決定權在於我們自己，不要被別人的意見所左右，需要接納那些好的意見，這樣才能不斷進步，取得成功。

小結

別人的意見往往是對我們有益的，我們需要去參考那些好的意見，我們才會改善自我。當然會取得最終的成功，要是不加理會的話，對「忠言」置若罔聞，只會讓自己惹禍上身。

招數39　多多蒐集優美的句子

在人類文明歷史中，有很多優美的句子值得我們去蒐集。學無止境，寫文章也是一樣，多多去閱讀別人的好文章，才能增長自己的文學修養。蒐集那些優美的句子，只要我們蒐集的多，就會潛移默化受其影響，寫出的文章也會優美。

很少有讀者不喜歡優美的句子的。我們也喜歡優美的句子，如果我們寫出的文字蒼白無力，讀者會願意看下去嗎？

抽個時間，多多蒐集那些優美的句子，只要自己喜歡就記錄下來，然後強迫自己記住那些句子。當某一天你在寫文章的時候，就會想起那些句子，就能筆下生花。

優美的句子能夠陶冶我們的性情，增進我們的能力，多多蒐集優美的句子，我們也會寫出優美的句子。

有一個青年才子，他打算寫一部散文集。於是把自己「閉關」起來，希望「與世隔絕」三個月的時間，能夠寫成那部散文集。可是一個月過後，青年才子就再也寫不下去了。他覺得詞窮語盡，整天悶悶不樂的在書房裡徘徊。這時候青年才子想起老師的一句話：「要多多蒐集優美的句子，才能寫出優美的文章。」於是青年才子馬上出去賣了很多書，回來的時候就認真研讀，讀到優美的句子就抄錄下來，這樣過了一個多月，青年才子覺得文思泉湧，就趕

快去續寫那部散文集。沒想到信手拈來，很快那部散文集就大功告成了，來那部也散文集順利出版上市。很多讀者紛紛寄信給青年才子，他們信中都說他的那部作品寫得太好了，尤其是那些文辭太優美了，他們曾來沒有讀過那些優美的文章。他們感謝青年才子，讓他們知道世上還有那麼多優美的文章。青年才子看著他們的信件，高興的笑了。

耳濡目染，讀了優美的文章，青年才子寫出的文章當然也就優美了。

當讀者讀到那些優美的句子，完全沉醉在其中時，那是一種多麼美好的享受啊！這是我們身為作家給讀者的最大愉悅，只有讀者高興我們最終才能高興。

這些作品會得以流傳，影響一代代讀者，成為撫慰他們心靈傷口的良藥，而且能夠讓他們從中發現美好，身為作家能做到這一步，何樂而不為呢？

小結

很少有讀者不喜歡優美的句子，作家心有點墨，才能下筆如神。寫出的文章乾乾巴巴，不會挑起讀者的胃口，他們看了一下子，就會覺得厭煩了，就會把你辛辛苦苦寫出來的內容投入垃圾桶。

招數40　在家寫作更自由

自由，是很多作家都追求的，而作家寫作，不一定能自由，例如：受到出版方的限制或者生活狀況的困惑。無論何種原因，作家心裡還是渴望自由的。他們不希望被束縛，他們想寫自己最想寫的作品，然而往往不能如願，因為生存很重要，在無法生存的情況下，他們必須要為別人做事情，而就算不必為生存擔憂，也不可能想寫什麼就寫什麼，畢竟寫出來的作品要拿來出版。如果作家寫了大半生，作品無法發表的話，他不如不寫。

在一家公司上班，每月拿著固定的薪水，但身為一個作家而言，長時間他們會厭倦那種生活。因為隨著時間的推移，他們年紀越來越大，他們開始受不了公司的約束，他們希望自由，而要自由必須得離開公司，於是他們在離開還是留下中徘徊。離開公司後他們開始在家裡創作。兼職編輯，為報刊、雜誌寫稿等。然而這樣的生活過了一段時間，他們仍不滿足，他們需要出自己的書，於是開始嘗試寫自己的書。但要知道自己是為自己寫作，需要付出太多的代價，如果你花費了時間和精力，書籍無法出版，你拿不到稿酬怎麼辦呢？這一點很多作家不會擔心，畢竟這時候他們已經有了生活閱歷，寫得作品品質也是上乘的了。而就怕費了很長一段時間，衣食住行也花費了不少資金，書籍無法出版，生活無法維持下去。

我們需要正視在家寫作後的生活狀況，無論如何都要生存。如果無法生存，你想在家寫作也不可能了，你必須要生存，要為生計外出顛簸。

另外在家創作的往往有兩種原因。第一，他家境富有，不必為生活擔憂；第二，他很有才華，能創作出更多的物質財富。對於這兩點，很多作家難以達到，如果達不到，就需要知道怎樣創作下去了。而無論如何，我們最終都會在家裡寫作。畢竟身為作家，當年紀越來越大，在家寫作是很有可能的事情。

在家寫作是很自由的，我們可以想寫的時候就寫，不想寫的時候就不寫。畢竟我們能夠在家寫作，往往不愁吃穿，我們可以在別人上班的時候去玩，在別人休息的時候自由寫作，發揮自己最大的潛能，讓自己寫出高品質的作品。

有一位青年才子，他在公司裡工作了幾年後，想創作屬於自己的作品，於是他毅然決然的離開了公司。一開始他的生活很艱辛，但慢慢的，他寫得作品越來越出色，稿費也越來越高，他不必為生計擔憂了。他可以想寫得時候就去寫作，不想寫作的時候就出去玩耍。在別人睡覺的時候，他可以寫作，在別人上班的時候，他可以呼呼大睡。就這樣他寫出了一部部好作品，而且都很暢銷，他很快成為了暢銷書作家。

這位青年才子成了暢銷書作家，原因很簡單，他在家能夠自由創作，而且能約束自己，所以他會創作出更多更優秀的作品。相比那些在公司工作的，青年作家是為自己工作，他會全心全意的對待自己的每一部作品，當然每一部作品都會出色。要是在公司裡，難免產生在為別人工作的念頭，那樣往往創作不會負責，只要能拿到薪水則無所苛求了。在家裡則不一樣，如果寫不好就無法吃飯，更沒有薪水可言。如果寫好了，就會拿到更高的稿費，而且以後還會再次拿到稿費。

往往我們有了資歷與經驗，就會待在家裡寫作了。這時候我們的思想變得睿智，開始自食其力，開始完全為自己工作，而且是自由的，無所約束，我們就會把作品寫得更好，當然也會有更豐厚的回報。

小結

作家都需要自由，而在家裡寫作才可能更自由。我們需要清楚這一點，自由並不是我們唯一的追求，而我們在自由的時候，要全身全意去創作，因為這個時候我們是在為自己工作，要自負盈虧，如果失敗了要自己承擔，如果大獲成功會讓自己成為出色的作家。

招數41　無人打擾的寫作狀態

作家寫東西，需要靜下心來，當然就不能被別人打擾。

試想，你正寫在緊要關頭的時候，忽然一個電話打斷了你的思路，你是接電話呢？還是繼續寫下去？如果我們接電話的話，等通過話後，就不知道剛才怎麼想的，怎麼寫下去了；如果我們繼續寫下去的話，就會擔心電話那頭有重要的事情。

面對這種進退兩難的狀況，我們該怎麼辦呢？最好是在自己寫作的時候，不要讓他們打擾。例如：手機設定靜音狀態，當寫好的時候，再去回覆對方。這樣既不會打斷自己的思維，又不會使對方產生的誤解。而在寫作之前，我們需要告訴對方我們在寫作，不能被打擾。如果他一直打擾你的話，置之不理就好。

只有靜下心來，才會寫出好的作品。別人並不知道我們在寫作所以才會打擾我們，一旦你告訴了他們你正處於寫作狀態，他們依然故我的話，這時候就需要換一個地方寫作了。

有一個青年作家，他正認真創作著，忽然「叮鈴鈴」電話鈴響了，他不得不放下手頭的工作去接電話。是朋友邀請他去玩，青年作家說：「我正在寫作，請勿打擾！」那位朋友略有所悟，就掛斷了電話。然而沒過多久，那位朋友又打來，讓青年作家晚上到他家裡吃飯，青年作家答應了。

青年作家以為朋友不再會打擾自己，可以全身心投入創作了。不過正當他寫得正起勁時，朋友又打來了電話說他的妻子今天生病了，晚上的聚餐取消。青年作家只好又答應了。

就這樣青年作家把朋友的那個電話號碼，設定為拒接電話，以為萬事大吉了。然而媽媽又打來電話。青年作家怒不可遏，對媽媽說：「媽媽，我正在寫作，您怎麼一直打擾我啊？」電話那頭的媽媽很委屈說：「我剛給你打電話，怎麼說一直打擾你啊？」

青年作家辯不過媽媽，就和媽媽通話之後，換一個地方寫作了。

我們不一定要警告別人：我們在寫作時他們千萬不能打擾我們。那樣他們只會認為我們不可一世，以後就可能不會再和我們聯絡了。

在別人打擾無心寫作的時候，告訴他你在寫作，如果他還打擾的話，就需要換一個地方，他知道你厭煩了，就不會繼續打擾你了。

總之我們寫作時需要無人打擾的狀態，而這種狀態我們往往難以求得，需要事先告知別人自己在寫作，如果別人一直打擾你，就不需要接受他的電話、拜訪等，這樣才能靜下心來讓自己安心創作。

小結

作家需要無人打擾的寫作狀態，然而這種狀態並不多，別人總是時不時打擾我們，搞得我們意亂心煩，這時候就需要讓別人知道你在寫作不能被打擾，如果他一再打擾你的話，就需要換一個位置。這樣他知趣就不會再打擾你了，你也可以安心創作。

招數42　情緒時寫作的有關問題

寫作需要熱情，需要耐心，如果無情無緒不如不寫。要知道這樣寫得書品質不會高，我們也不知道自己在寫什麼，怎麼能讓讀者看呢？

很多時候，我們都會無情緒，一點精神也沒有，這時候不要強迫自己寫下去，去做其他的事情，使精神得到放鬆。

不過有的人就說，這不是在浪費時間嗎？時間雖然可貴，但我們寫出低品質的作品，不是更摧殘時間嗎？再說我們一生可以寫出好多作品，只要能寫出優秀的作品就足夠了。

優秀的作品不在多或少，但必須要有優秀的作品問世。不然算不上是一個出色的作家。而無情緒時寫下的作品就不會優秀。

我們不需要強迫自己時時刻刻都在寫作，當無情無緒的時候，讓自己放鬆吧，不要在寫作上折磨自己。

有一個年輕的才子寫書很用功，但不是時刻在寫，別人看到了問他：「大作家，你這麼有才華，還整天出去玩，是怎麼做到的呢？」年輕的才子說：「那不是玩，只是我不想寫作出去走走罷了。」

「你那麼熱愛創作，還會有不想寫作的時候嗎？」

招數 42　情緒時寫作的有關問題

「當然呀，我又不是機器，人難免會有情緒的，當我不想寫作的時候就不去寫，當想寫作的時候再寫。」

「你很自由啊，好讓人羨慕啊！」

年輕的才子在無情無緒的時候不去寫作，他才不會寫出低劣的作品。而我們在有情緒的時候也可以不去寫作，這不是在浪費時間，而是為了自己好好的寫作。

一個散文家正在寫一篇優美的散文，他的鄰居過來對他破口大罵：「你看看你家的貓，偷吃了我的牛肉！」散文家的思緒頓時被打斷了，他很生氣，但看到鄰居更生氣的樣子，散文家只好暫且壓制住心中的怒火說：「我會賠你的。」鄰居說：「不用你賠了，只要把你家的貓管好就行了，下次牠再那樣，事情可不會像今天這麼簡單。」說完鄰居氣呼呼的離開了。

在鄰居走後，散文家竟然忘掉剛才要寫什麼內容了，他反覆回想就是想不起來。散文家非常氣鄰居，但想不出來能怎麼辦呢？他只好來到庭院裡散步，看看青草、紅花。漸漸的，散文家的怒氣消去，他忽然又想寫東西，就回到書房，繼續寫起來。

散文家在有情緒的時候不強迫自己去寫，他就不會寫出品質差的作品。只有自己冷靜的時候，才會集中精神創作出佳作。

小結

寫文章要心平氣和，不能無情無緒，也不能意亂心煩，需要使自己靜下來，只有這樣才不會寫出別人不願意看的低劣作品，才會寫出好作品。

招數43　改變不了環境就改變自己

很多時候，我們希望自己能出生在一個書香世家，可以無憂無慮的創作。然而現實往往比我們想像的殘酷。我們可能出生時一無所有，於是我們為了夢想拚命打拚，總希望早一日能完成夢想。

看到同行因別人的推薦而功成名就，我們是多麼羨慕啊！也希望有他的幸運，可是在城市、圈子裡舉目無親，我們每天要為了生存拚命努力，哪有時間去依靠他人的關係啊？

這時候我們開始抱怨自己出生的環境不好，抱怨上蒼的不公，然而既然這種環境已經出現了，我們就需要去改變，如果改變不了就只能改變自己。

要知道總有些事情無法改變，但有一些條件我們可以改變，像是我們後天的成長、我們的努力、我們的夢想。

只要我們努力去改變，最終會成真。

當然並不是那些出生時，含著金湯勺的人會幸福，他們後天可能會更痛苦。試想，他們小時候衣食無憂，一旦出社會，社會可不是他們想像的那麼簡單，碰壁了他們會痛苦。而如果我們經得起磨練，就能輕而易舉應對那些痛苦了。

不要太羨慕別人出生環境比自己好，別人雖然會比我們家境富有，但並不一定一輩子比我們幸福。先天的環境已注定，但後天的環境是可以改變的。

有兩個男孩，他們同時熱愛文學，只是一個出生在富裕的家庭，一個出生在貧窮的鄉村。出生在富裕家庭的那個男孩，靠著父母的關係扶搖直上，很快在社會上嶄露頭角。而出生在農村的那個男孩，無法靠關係，只有自己一個人去拚搏。就這樣出生在富裕家庭的那個男孩已經是有名氣的作家了，出生在農村的那個男孩還是沒沒無聞。但又過了很多年，卻發生了一百八十度大轉變，出生在富裕家庭的那個男孩，已經成了昨日黃花，而出生在農村的那個男孩，由於多年的修養，已經成為大作家，地位已不可動搖了。

可見如果外在的環境無法改變，我們就需要去改變自己。只有改變自己才會真正走向成功。

當然改變自己很難，但如果我們不改變，只會歸於平庸。很多成功的作家，他們的出身環境都不好，還好他們知道改變自己，才能一朝功名在握。

我們需要改變自己，只有改變才會有新的奇蹟出現。羨慕別人家境優越是無濟於事的，和別人的外界環境比較也不明智，只有內心的改變，才能讓自己變得越來越堅強，最終超越對方。當然只有改變才會有轉變，只有改變，我們才可能從沒沒無聞到成為大作家。

做到了這一點，不論結果如何，定會無愧今生！

小結

很多時候，我們都希望能出生在一個富裕的家庭，有著濃厚文藝氛圍的薰陶，要是我

招數 43　改變不了環境就改變自己

們沒有那種福氣，就要去接受並改變自己，只有改變才會有轉變。雖然外界的環境已經確定，但成為作家不需要名分、地位的限制，只有改變自己，才有資格成為真正的作家。

招數44　有一個溫暖而又和諧的家庭

俗話說：「家和萬事興。」誰都不想自己的家庭支離破碎，誰都不想沒有親情。作家也是一樣，需要一個溫暖而又和諧的家庭。試想，作家主要是在家裡工作的，如果家庭混亂，作家怎麼能安心工作呢？況且即便家庭不和很少打擾到作家，作家的心裡多少會有影響的。而家庭溫暖而又和諧，往往不是我們可以決定的，這時候需要去處理，和家庭成員之間的關係，否則鬧出了矛盾，往往對自己不利。

有一位女作家，拒絕了她爸爸媽媽讓她成為主播的要求。爸爸媽媽很生氣，一怒之下斷絕了和女作家的關係。女作家只好在郊區租了一間房子，每天過著簡樸的生活。經濟上十分拮据，女作家難以好好創作。

如果女作家當時和爸爸媽媽和解，爸爸媽媽可能會原諒她，而且可能會支持她，只是和家庭的關係鬧僵了，讓自己的創作陷入危難的處境。

有一位男作家他在社會上大有名氣，到了三十五歲都沒有結婚。這時候別人不斷說媒，終於有一位漂亮的女孩願意嫁給他，男作家也十分喜歡那位女孩。可是結婚後她經常發牢騷，漸漸的，男作家討厭他妻子的嘮叨，便和妻子分居了。

男作家不能和妻子保持和諧，產生矛盾和糾葛。這就如同一些著名的作家一樣，因為家庭不溫暖、和諧，結果以悲劇收場。

招數 44　有一個溫暖而又和諧的家庭

俄國偉大的詩人普希金，他曾經娶了一位如花似玉的女孩，娜塔莉亞，可是婚後兩人產生了矛盾，致使普希金在與情敵丹特斯的決鬥中身亡。同樣的是俄國的大作家托爾斯泰，他和妻子索妮婭一開始相濡以沫，但漸漸的，妻子變得無理取鬧，鬧得全家上下不得安靜，托爾斯泰只好離開妻子，最終逝世在一個小火車站上。

家庭和諧，才能好好的創作，我們可能急切需要一個溫暖而又和諧的家庭。當我們回到家的時候，有熱騰騰的飯可以吃，有軟綿綿的床可以大睡一覺，這時候感覺多麼幸福。如果回到家裡冷冷清清，或者動不動就和對方大動干戈、大吵一架，我們往往會離開這個傷心地，一旦離開，就很難再找到溫暖而又和諧的家庭，這時候往往會活在痛苦之中。

當然有的人就說，並不是只有家庭溫暖和諧，才能成就大作家。的確一些大作家經歷了家庭的破碎，痛苦的成長，才有所成就的。像大詞人李清照，在丈夫趙明誠去世後，她顛沛流離，正是因為品嘗過這種心酸，後期她才會寫出感人肺腑的作品，與她前期的閨怨閒愁大為不同。同樣的唐朝大詩人杜甫，他一生可謂是「飄飄何所似，天地一沙鷗」，然而正因為如此，他的作品才夠深刻，才能成為寫實主義詩人的傑出代表。

但人生在世，誰也不知道是否會有失去家的一天。就算我們失去了家，至少我們還有創作的能力，只要我們創作下去，還會是一個大作家的。

試想，「天有不測風雲，人有旦夕禍福」，很多人忽然間就失去了溫暖的家庭，他們哭泣有用嗎？他們還能挽回他們那個家嗎？至少我們現在可能比他們幸運，至少我們沒有一下子

家道中落，或者沒有一下子妻離子散。曹雪芹，他在家道衰落後，並沒有一味的自怨自艾，消極頹廢下去，相反的他拿起筆，寫成了中國最偉大的古典小說。

無論家庭幸福與否，都要堅持下去，說不定我們意想不到的時候，已經是大作家受人敬仰了。到那時，我們可能就不會再過著貧窮，或者失去親情的生活了

所以在我們的家庭不溫暖和諧時，需要去接受，堅持創作，要是家庭氛圍良好，就再好不過了，但我們不要一味的沉浸在家庭的享受，而忽視了創作本身，畢竟我們的目標是成為作家，只有持續寫作才有可能完成夢想。

小結

誰都不想自己的家庭破碎，要是偏偏沒有和諧溫暖的家庭，我們也需要接受，需要好好活下去，達成自己的目標。要是我們因為家庭支離破碎，就徹底否定自己的話，說不定永遠等不到幸福的日子到來。無論任何時候，無論家庭幸福、和諧與否，我們都泰然處之，堅持創作，才有可能成為大作家。

招數45　遠離紙醉金迷的生活

有一句話說：「有錢就變壞」，當我們成了富裕的作家之後，是否燈紅酒綠，過著奢侈的生活呢？這時候我們可能忘記了當時清貧的生活，如今花天酒地，好不逍遙！但要知道一旦這樣就可能會自取滅亡了。因為歷史上已經有很多人，在他們發財後完全忘記了曾經受過的罪，而過著常人無法企及的生活，結果後半生醉生夢死。不要讓將來毀了我們的一生，在我們成功後，要遠離紙醉金迷的生活。畢竟我們是作家，而不是那些無所事事的人，我們要對得起「作家」這個稱號。燈紅酒綠的生活會消磨鬥志，沉浸在安樂與享受之中。要知道憂勞興國，逸豫亡身，一旦我們逸豫了，將會發生不可預料的後果。誰想辛辛苦苦創作了大半生，卻以不好的名聲了卻殘生呢？

有一個作家，他年輕的時候很貧窮，於是為了「脫貧致富」，他拚命寫作，力求寫出好的作品。後來他四十多歲的時候，已經成為了社會上的上流人物。這時他花錢大方，常常出入一些聲色場所。結果他再也沒有創作出優秀的作品，而且接下來的日子裡他渾渾噩噩的度過。等這位作家年老的時候他才發現，中年的時候沒有留下最經典的作品，只是此時他已頭髮斑白，連拿筆都吃力了，他只好垂首頓足，懊悔極了。

這位作家在發財後沉迷於紙醉金迷的生活，結果他就沒有時間去創作，而且即使創作，由於意亂心煩，也難以創作出高品質的作品。只可惜就這樣讓生活毀了自己！

在我們獲得物質財富後，可以去過好的生活，但不能一味的揮霍、浪費。要知道世上富裕的人很多，並不是只有你才是唯一的富人，而你的責任是寫作，一旦你偏離了寫作的軌道，終有一天你會後悔。

為了不會後悔一生蹉跎，我們需要固守著那一顆淳樸、無所奢求的心。這樣淡泊明志、寧靜致遠，我們才會集中精神產生智慧，進而創作出佳作。否則醉生夢死，只會讓人所不齒，而且即使你之前有所貢獻，也有可能抹殺你以前的功績，讓你生活在這個世上活得很失敗。

小結

作家需要「靜」，靜才能生智慧，生智慧才能寫出好的作品，要是生活上奢侈，揮金如土，不會是一個好作家。那些優秀的作家大多數是有所求有所不求的，做到了這些，不因外界的誘惑喪失自我，才會有一個作家的正常心態，進而成為出色的作家。

招數46　身體要健健康康

只有身體健康，我們才能好好的活下去，才有資格繼續創作作品。一旦我們感覺到不適，就要去就醫，或者多運動，及早恢復健康，要是我們明明知道身體撐不下去了，還是硬撐，往往到後來受傷的只會是自己。

一位愛好寫作的文藝青年，為了寫出一部優秀的作品，在山林間租了一間房子。他每天在裡面進行創作。可是一個星期過後，他感覺身體不適，頭腦時不時的暈眩。青年才子因為是營養不良，或者還沒有適應山裡的氣候，就賣掉一些食物。可是青年才子漸漸的越來越瘦，等他還沒有把那部作品寫完時，已經病倒了。看到骨瘦如材的青年才子，他的朋友問：「何苦要這樣折磨自己呢？」青年才子顫巍巍的說：「我想寫一部好的作品，我知道只有清幽的環境，才能寫出好的作品，所以我在山林間租了一間房子，原以為幾個月後一部曠世巨著就可以問世，沒想到沒過一段時間就感覺身體不適，我以為是氣候不適，或者營養不良就硬撐了下來，沒想到鬱積成疾，耽誤了更多的時間創作，我很後悔。」他的朋友說：「要是你很在乎你的身體，就不會出現這樣不好的狀況了。」

的確身體健康很重要，不容我們忽視，只有身體健康我們才能好好的進行創作。試想，歷史上的那些大作家們，有的雖然風光，卻因為身體很虛弱，經不住風吹雨打，英年早逝了。

我們需要練就健康的體魄，這樣才有機會去寫偉大的作品。畢竟我們的一生很漫長說不定將來的某一天我們就會寫出好的作品，要是你的身體累垮了，你能等到哪一天嗎？

小結

我們不需要和自己的身體過不去，因為只有健康，我們才有活下來的資本，才會有時間去創作佳作，否則身體累垮了，一切就可能跟著垮掉了，更別說精力充沛去寫好的作品，而且說不定手上的作品沒有完成，就已經永遠無法完成了，多麼可惜！

招數47　每天都嚴格要求自己

身為作家是很自由的，但有一項要注意，就是必須要能嚴格要求自己，不能在自由的時候沒有約束。要知道無規矩不成方圓，作家雖然比其他的行業更自由，但也需要有一定的約束。而這些約束，往往難以由外界決定，就需要作家自己約束自己了。例如：在創作的時候不能出去閒逛，在睡覺前想好下一步該寫什麼。這樣有了一定的約束力，才能順利把文章寫好。

要是作家因為自己是自由職業，整天無所事事，那只是在自毀前程。試想，一個作家沒有約束，想幹嘛就幹嘛，那成何體統，會是一個優秀的作家嗎？

優秀的作家必須要有自我約束能力，他們都知道怎樣去嚴格的要求自己。他們該休息的休息，該創作的創作，從來不敢使自己懈怠。

只有那些嚴格要求自己的作家，才能夠成為大作家，才能夠寫出優秀的文章。

一個青年才子生活過得很自在，但他已經出版了好多作品，是名副其實的作家。一個中年人看到了，不了解的問：「年輕人，你整天這麼無所事事，怎麼能成為一個作家呢？」

青年才子說：「我並不是無所事事，我是在想下一步該創作什麼。」

「既然這樣你何不待在家裡，別人看到了還以為你是沒有工作、遊手好閒的人。」

青年才子說：「我不會太在意別人的看法，我只要管好我自己就行了。在我想工作的時

候，我會全身全意投入寫作，現在正是我休息的時刻，我不需要要求自己每時每刻都在創作。我對我的要求很簡單，那就是能創作出更多更優秀的作品。只有這樣該玩的玩，該寫的寫，才能達到目的。」中年人想了一下說：「看來你真的有自己的主見，不然單靠寫作你會很難生活下去。」青年才子說：「的確如果我沒無法約束自己，我就要在公司裡工作，就要每天像平常人一樣上下班，約束自己，才能當一個自由作家，否則是很難以生存下去的。」中年人聽說：對青年才子投來了敬佩的目光。

青年才子能夠做到嚴格要求自己，該玩的玩，該寫得寫，他才能夠創作出更多更優秀的作品。

我們需要意識到這一點，身為作家，往往需要自由，而有了自由，也不能無法無天，需要具備嚴格要求自己的能力，否則沒有了管束，就像枝繁葉茂的小樹，如果不去修整，它不會長成參天大樹的。

作家也是一樣，需要隨時要求自己，這樣才不能偏離作家的軌道，才不會有辱作家的稱號。

當然有的人就說，嚴格要求自己說得容易，但做起來很難，為什麼要嚴格要求自己呢？那不是作繭自縛嗎？其實不然，嚴格要求自己並不是我們必須要怎麼做，有自由的權利，但不能沒有一點約束，沒有任何人是不受任何約束的。

所以不管任何理由，我們都需要每天嚴格要求自己，這樣才不會偏離作家的軌道，才會有所為，有所不為。

小結

作家雖然是自由的職業，但不能每天都肆無忌憚，需要嚴格要求自己。有規矩才能成方圓，作家才不會偏離軌道，才能一日一日加深修養，最終成為大家。要是不要求自己，就猶如沒有人去管理的樹苗，時間一旦長了，就會不像樣了。

招數48　睡眠時間要足夠

很多人問，睡眠時間和寫作有關係嗎？這裡告訴他們，不但有關係而且關係匪淺。

要知道每個人都需要睡眠，作家也不例外。當然有的人睡眠時間少，有的人睡眠時間長。

我們需要根據自己的睡眠時間調整自己的寫作習慣。例如：我們要是在白天睡覺，就需要在晚上創作，要是我們在晚上睡覺，就需要在白天創作。

這是毋庸置疑的，只有調整好自己的時間，我們才能保證創作的品質。而睡眠時間因人而異，我們可以睡三個小時，也可以睡八個小時。但不能太苛刻自己，有時候睡眠時間不夠，反而會影響自己。

一天當中有二十四個小時，八小時工作，八小時是自由分配的，而另外八小時就是留給我們睡眠的。我們可以搶老闆的時間，可以搶自己的時間，但千萬不可搶周公的時間。自己睡眠時間不足，會影響第二天的工作。試想，你昨天睡的很少，你今天能工作嗎？往往會敷衍了事，工作馬虎。

周公是無情的，只會懲罰我們。

有一個自由寫作者，他通常晚上二十三點睡覺，第二天八點多鐘起床。就這樣他養成了習慣，日復一日寫作著。有一天，朋友來到自由寫作者的家裡做客，陪他談到了深夜，而這

招數 48　睡眠時間要足夠

位自由寫作者又想第二天創作，就對朋友說：「我們睡覺吧，我明天還想寫東西。」朋友答應了，但就在睡覺的時候，朋友依然興致勃勃，談論了很多東西，自由寫作者不得不應付著。就這樣一直到凌晨三點，自由寫作者才入眠。而到了早上六點，朋友就要回家去了。自由寫作者只好起床相送。

在把朋友送走後，自由寫作者躺在床上想再次入睡。但他知道今天有好多事情要做，就起床、刷牙，寫作去了。

而在寫作的時候，自由寫作者睏意湧上，一下睡覺，一下寫東西。就這樣一直到下午，自由寫作者才清醒。這時候他才知道自己寫了一些東西，而到底寫的是什麼內容，他看了一下子覺得都很陌生。他也不知道這段時期，寫了些什麼。總之語不成句，讓人難以讀下去。自由寫作者長嘆了一聲，倒在床上不知道說什麼好。

從此以後，自由寫作者不敢再看輕睡眠了，以免周公懲罰他，讓他第二天寫不出好的東西。

自由寫作者因為睡眠時間不夠，結果影響了第二天的創作安排和品質。我們需要清楚這一點，需要有足夠的睡眠。只有睡眠時間足夠，才會精神十足，才有好好的創作。

人人都需要睡眠，平均需要睡眠八個小時。我們可以睡七個小時，也可以睡九個小時，只要頭腦清晰就可以了。

不要覺得一次睡眠時間減少不重要，畢竟我們睡眠時間少，第二天會昏昏沉沉，寫出來

不知道是什麼東西。

我們想要寫出來的內容讓人難以讀下去嗎？這時候就需要保證自己的睡眠時間，只有睡眠時間充足，才會好好的創作。

當然我們睡眠時間要足夠，並不是讓我們一天要睡十多個小時，那樣反而是在浪費時間。

我們需要睡眠時間足夠，不能過多，又不能過少。這樣才能有更多的時間去創作、生活、進修等等。

所以了解這些，我們就需要充分安排好自己的睡眠時間。既不能過多，又不能太少，形成了習慣，就不會影響寫作和其他的事情了。

小結

人人都需要睡眠，作家也不例外，睡眠時間要足夠，既不能過多，也不能過少。這樣才不會影響第二天的進程，才能長時間堅持下去形成習慣。睡眠時間不足夠，只會為第二天的生活、學習等帶來麻煩；睡眠時間過多，只會耽誤事情，浪費時間。

招數49　想到哪寫到哪的妙處

一般人寫文章，都是從頭至尾寫下去。要是先寫結尾再寫開頭呢？很多人會很驚詫，怎麼能先寫結尾再去寫開頭呢？但一些優秀的作家卻是先寫結尾再去寫開頭的。

這就猶如去審視一個人，有的人從頭往腳看，有的人從腳往頭看，無論哪種方法，只要覺得適合就行了。

我們不需要循規蹈矩，一個字一個字寫下去，有時候可以先寫結尾再寫開頭。例如：我們在寫一本社科類的書籍，往往是有了大綱再寫下去，可是如果沒有大綱，你會寫下去嗎？聰明的人會寫下去，而且他們既有速度又有品質。

這裡有的人就感覺奇怪了，他們那樣寫作，怎麼能品質和速度同時並進呢？試想，我們總不能有一個題目要我們寫什麼，我們就寫什麼，畢竟我們不是機器，如果非得一步步下去，無疑不會絞盡腦汁，想這一步該怎麼寫，下一步該怎麼寫。你說這樣速度不會很慢嗎？哪裡像那些人那樣寫作，他們可以無所顧忌、天花亂墜的去寫，最終再總體上歸類，你說那樣洋洋灑灑的寫下去，品質和速度不會同時並進嗎？或許你還不會了解，下面講一個例子：

有一位青年作家，他十幾天就可以寫一本原創的書籍。他的朋友不了解的問這個青年作家：「你怎麼能那麼快就把書寫好了呢？而且又沒有大綱，你怎麼寫的啊？」這位青年作家告訴朋友：「在有了一個書名之後，我並不會刻意去列大綱，那樣無疑不會拘束自己的思維。

我只是想到哪寫到哪，然後把所有的文章再歸類，這樣每一篇文章都是我所想要寫的，你說品質和速度不會提升嗎？要是事先有了大綱，往往會讓人大費周折，他必須要按照大綱一步一步寫下去，這樣每一步都要去思索，而且有可能很長一段時間不知道怎麼寫，當無法寫下去的時候，再去諮詢別人，或者再寫下一步。這樣當把這本書寫完了，無疑不會花更多的時間，而他一本書用了很長一段時間，他寫到後面的內容時，前面的內容就可能已經忘記了，由此品質也不會多高。」他的朋友聽說，點點頭。

寫文章不可千篇一律的從頭至尾寫下去，需要按照自己的思維去創作。想到哪寫到哪，這樣速度會很快，當整本書寫完的時候，再歸類、分章，品質也不會變差。

考卷發下來，有的人是遇到會做的就做下去，遇到不會做的就暫且擱置，當整個試卷做到最後時，再去做那些留下的試題。這樣的做法速度很快，也會有品質。而那些只知道一個題目一個題目做下去的人，如果當中遇到了一個難題，他就被卡在那裡了，不做出來不去做下一題，這樣如果他始終做不出來的話，等考試結束了，他還可能在這道題上徘徊。這樣的做法速度很慢，也不會有品質。

我們需要了解這種問題，寫文章也不能非得要一篇一篇寫下去。畢竟我們是在寫書，不是在寫單篇的文章。當我們想到哪的時候可以先寫哪，就這樣意到筆隨，自然會提高速度，想當然，品質也會跟著上去。

想到哪寫到哪，這是成就很多高產作家的祕訣，掌握了這一技巧，就不會為寫作大費腦筋了。

只要時間長了，就能熟能生巧，不會在寫一本書之前覺得將要有一個漫長的過程，反而會輕輕鬆鬆的把書寫完。

所以想到哪寫到哪看似雜亂無序，但卻能提高品質和速度。正確運用技巧才可以信手拈來，速度和品質同時提升。

小結

作家寫作都想既有速度又有品質，然而必須要有技巧。想到哪寫到哪能夠提高速度，當然由於每一篇都是一揮而就寫成，也會提高品質。我們需要運用這種方法，這樣才會寫出更多的書，才會留下更多的精神財富。

招數50　寫東西前要先想一想

身為作家，主要的任務是寫作，但寫作並不是什麼東西都可以寫。一些法律禁止的內容我們不能寫。我們要寫對社會有益的，對人們有幫助的，畢竟我們寫出來的作品要給他們看，如果我們宣揚的是錯誤的東西，只會自毀前程。

我們要對自己的作品負責，了解哪些該寫，哪些不該寫。

總有些作品是無法面世的，不要明知故犯，只會讓自己得不償失。。我們要對自己的作品負責，我們何不寫那些很有啟迪意義值得去寫的內容呢？

小結

我們寫東西前要事先想一想，不能所有的東西都去寫。畢竟有些東西不值得去寫，否則辛辛苦苦寫出的作品無法得到承認，反為自己招來罵名。

招數51　是自我欣賞還是發表

作家寫出來的文章有兩種用處，一是留著自我欣賞，一是發表公眾於世。很多時候，作家都希望自己的作品能夠發表，然而他們發表卻很難，就只好留著自我欣賞了。

他們把自己最滿意的作品都保存下來，想起來的時候，就自己去翻閱，去回味，他們也希望某一天那些作品可以發表，但他們不敢確定是否可以。就這樣日子一天天過去。

有一位老太太，她是一位教師，寫了很多東西，但都保存在家裡沒有發表過。直到有一天，朋友介紹了一位年輕的作家給老太太，那位年輕的作家二十有餘，卻出了很多部作品，老太太很羨慕，對年輕的作家說：「你真是年少有為啊，像我這麼大把年紀了都沒有出版過一本書，看來我這一生無法出書了。」年輕的作家說：「你不是寫了很多東西嗎？為什麼不把那些東西投給出版社呢？」老太太很謙虛的說：「我只是寫給自己看的，它們的品質太差了，不會有出版社要的。」年輕的作家說：「是出版社對你這樣子說的嗎？」老太太沉默了一下說：「說實話，我從來沒有去找過出版社，因為我覺得我那些作品太低劣了，沒有一家出版社會出版。」年輕的作家說：「如果你不試著找出版社，怎麼能知道出版社不願意出版你的作品呢？這樣子吧，我認識不少出版社的編輯，不如你把你的作品整理好，我幫你聯絡出版社的編輯。」老太太答應了。一個多月後，老太太把書稿的電子版交給了年輕的作家，年輕的作家把那些書稿寄給出版社。她接到了出版社要出版她的作品的通知。老太太欣喜若狂：

「天啊，我從來沒有想過我會是一個作家。」於是老太太很高興的和出版社簽訂了合約。三個月後，老太太的那部作品順利上市，她高興的拿著自己的那部作品，到朋友家裡炫耀，而且她還給朋友們一些樣書。老太太逢人就說：「你看，我是一個作家，我做夢都沒有想到我會出書。」

老太太一開始把自己寫得作品留著欣賞。

可見我們的作品需要付梓出版，這樣才有可能贏得別人的認同。不過有的人說了，他們一部作品找了很多出版社都被拒絕了，他們無法出版他們的作品，而他們想自費出版的話，又沒有錢，他們往往陷入進退兩難的處境。這時候他們只有把自己寫的作品留著欣賞，等著遙遙無期且無望的出版日。

有一個年輕人，他大學畢業後就靠寫作維生，一直都在「當背包客，走遍天下」，流浪到各地賣書，可是他賣的那些書並不是出版社出版的，而是沒有 ISBN 的印刷品。因此他經常無法賣出那些書，活得很窘迫。

這位年輕人也想出版自己的書，可是出版不了，他只有留著自己欣賞，然而他又想生活，就賣那些沒有書號的印刷品，想當然，他的生活情況多麼貧窮。

還好我們不一定像年輕人這麼落魄，我們還可以出版自己的書籍。而在書籍出版之後，我們需要讓別人知道，我們在上面付出了努力。或許別人會認為我們是一個作家，或許別人會對我們投來欣賞的目光。無論任何情況，我們都會感到滿足，畢竟我們辛辛苦苦寫出的作品出版了。再想，那些書籍放到市場上不知能影響到多少讀者，而且說不定若干年後會成為文學經典，我們到那時就是文學大師了，想著想著我們都能笑出來。要是作品不能提前出版的話，我們以後怎麼會有那種福氣呢？

所以作品寫出來最終還是為了發表，那些說只是自我欣賞的人，只不過是作品無法出版的理由罷了。我們需要寫優秀的作品，這樣不但我們能欣賞，而且能讓別人欣賞，「獨樂樂不如眾樂樂」，何樂而不為？

小結

我們寫出來的作品最終是讓別人欣賞的，把寫出來的作品出版，這樣才有可能影響到他人，而寫出的作品無法出版，我們就要了解無法出版的原因，然後加以改進最終使作品出版沒有作品被公諸於世，誰知道他是一個作家呢？誰知道他是誰呢？

招數52　要不要在網路上發表作品

在很多人作品沒有出版之前，網路上發表成為他們認為取得成功的唯一捷徑。但要知道網路上發表雖然能夠讓別人知道你的作品，但也會引來無盡的麻煩。

網路上的文章很多，但能出版的卻很少。你在網路上發表是為了什麼呢？如果只是為了取樂，你可以把你的文章大肆發表在網路上，以求和別人共賞。當然很多人在網路上發表文章，並不是只讓別人看看就罷了，隨著時間的推移，他們會慢慢厭倦在網路上發表文章。這時候他們的年紀大了，就想出版自己的作品，才開始想起以前在網路上發表的文章，看看哪些文章寫得好，哪些文章廣受歡迎，然後把那些文章彙編成集，以待出版。

這樣那些文章雖然能夠出版，也是你最優秀的文章，但很多人已經看過了，出版後買書的人可能就少了。當然如果宣傳做得好，書籍可能會大賣。關鍵是我們出版那些網路上的文章之外，另一個問題卻發生了。那就是在此之前，已經有類似的文章出版了。並不是別人的思維和我們的一樣，只是他們編輯了我們在網路上發表的作品，他們比我們出版在先，無疑不會影響我們書籍的銷量。

有的人說，既然網路上發表有可能引發版權問題，不如不在網路上發表。的確這有一定的見解，但不在網路上發表，誰知道你寫過什麼文章呢？出版社可能不會主動找你，就需要你主動去找出版社，最好文章沒有被別人盜用，如果出版社發現你的文章都在網路上發表了，他可能不會願意採用，畢竟你在網路上發表了，別人就可能看到你的文章，繼而「據為己有」，引發版權的問題。

我們需要注意這一點，文章不可在網路上隨便發布，尤其是自己的得意著作，需要保存起來，以備真正的發表。這時候你在網路上傳文章的部分，別人就很難侵權了。

有一個寫養生書籍的女生，她每寫完一本書都要在網路上發表，以求出版社注意到她，得以出版。然而這樣的概率微乎其微，女生寫了兩年多都沒有書籍得以出版。直到最近有一次偶然的機會，她的書籍得以出版了，然而出版後，出版社卻說她的文章和另外的一本書有很多處類似，女生很納悶，她寫那部書的時候是完全是自己創作的，為什麼有很多地方和另一本書類似呢？懷著種種不解，女生購買了那本書，果然發現有很多地方和自己寫得類似，而那本書已經出版一年多了。這時候女生才知道，那本書「抄襲」了她網路上的作品，女生不得不去找那本書的作者和相應的出版社，有一場法律糾紛。

女生因為在網路上發表作品，結果內容被別人盜用了，想當然會有一場版權糾紛。

女生沒有注意保護好自己的版權，產生了一連串的麻煩，我們從中就要知道不能在網路上輕易發表作品，尤其是那些容易引發版權糾紛的作品。畢竟寫一本書不容易，如果提前讓別人出版了，豈不是讓自己損失更大？

我們需要保護好自己的版權，可以在網路上發表作品，但不能鋪天蓋地的任意發表。畢竟作品一旦在網路上發表，出版後可能銷量就不會多好。

不過有的人就說，有很多網路作家也是出名的作家。的確他們在網路上發表作品，能夠引起點擊量，特別是能夠引起出版社的注意，但他們發表的作品一般是小說等題材，不容易引發版權糾紛。

你見過在一本書沒有出版之前，它是勵志、兒童文學等方面題材，有作者完全把它發表在網路上嗎？作者當然不會那麼輕易發表，他只是發表了作品的目錄、樣品等，否則對於這些容易引發版權糾紛的作品，一旦有版權糾紛，就會和對方有著剪不斷，理還亂的矛盾。

我們需要認清這一點，哪些作品可以在網路上發表，哪些作品不可以，應該發表多少，在什麼地方發表……這樣我們才能及早找到出版社，使那部作品得以出版。否則在你的作品沒有出版之前，已經有類似的作品出版了，讓你將要出版的作品虧損不少。

所以並不是不可以在網路上發表作品，但要了解版權不能被別人盜用，這樣才能好好的保護自己的版權，使作品得以順利出版。

小結

作品並不是不可以在網路上發表，但在網路上發表會引來一些問題，例如：版權糾紛等。我們需要注意到這一點，這樣才能好好的維護自己作品的版權，使辛辛苦苦寫出來的作品不會被盜版、盜用。

招數53　不做別人的槍手

很多時候，我們為了生存，不得不替別人寫文章，然後拿著別人發放的「薪水」。但要知道為別人作嫁衣裳，是難以成為出色的作家的。

我們需要意識到這一點，為了生存不得已為別人寫作，但如果我們滿足的話，長時間下去意志就會變得消沉，難以有出頭之日了。

我們必須要為自己寫文章，這樣才是對自己的人生負責。

試想，人生不過百年，我們大部分的時光都為別人而活，都在替別人做工作，但到最後我們是否能達成所願成為大作家呢？當然如果你心甘情願過著那種日子，你就不會成為大作家，只有你希望早一日出人頭地，寫自己的文章，你才可能某一天另起爐灶，真正成為大作家。

我們不需要一定要靠別人生存，那些為別人寫作的槍手，大部分都是靠別人生活的，一旦離開了別人他們就無法好好的生活下去。

試想，現在你做別人的槍手，對方會給你優厚的待遇，當某一天他不再需要你了，你照樣不是需要獨立嗎？

任何一個創作的人都需要獨立，靠天靠地不如靠自己。別人雖然一時會給我們優厚的待遇，但就怕萬一不好的事情發生，我們就需要自己去創業了。

而作為寫手，唯一的創業可能就是寫出自己的作品，然後使其得以出版。只有這樣才有可能成為大作家，備受別人的關注。

那些做槍手的人，往往生活不是多麼令人如意。畢竟要為別人寫東西，很難有自己的主見，不光不自由，而且還要為未來擔憂。不像真正的作家，他們可以寫自己想寫的東西。槍手就不一樣，往往「東家」讓他們寫什麼他們就寫什麼。

誰也不想一輩子被別人利用，槍手是別人的工具。

不過有的人就說，他也想成為大作家，可是他沒有資金，怎麼能生活下去呢？的確槍手多少有點苦衷，但如果你不試圖逃離那種生活，就難以擺脫得了。

有一個青年，他是一個書商的槍手，書商讓他寫什麼他就寫什麼。為了好好的挽留他，書商故意給他不夠豐厚的待遇，以免他攀高枝。就這樣青年不得不每天要寫到很晚，但他已經習慣了這種生活。直到有一天，他看到和他年齡相仿的寫手在自由自在的逛街，他不了解的走過去問：「我們同樣是寫手，為什麼你這麼自由，我卻覺得被套上枷鎖了呢？」那個寫手說：「因為你是槍手，我是作家。同樣是寫作，走的路不同，當然結果就不同了。」青年說：「我也想像你一樣成為一個自由的作家，可是我沒有那個資金啊，我擔心萬一我離開了那個『東家』之後就無法好好的生活了。」

「那麼，你不離開怎麼能知道自己無法好好的生活呢？你想一輩子都過那種日子嗎？如果你不去自立的話，你一生都可能會過那種日子。」

招數 53　不做別人的槍手

青年考慮了一下，謝過那個自由自在的寫手，就離開了。

很多年過去了，青年又和那位寫手相遇了。這時候青年紅光滿面的對寫手說：「我也是一個大作家了，也出版了自己的書籍，也可以像你一樣自由自在了。」

寫手問：「你是怎麼做到的呢？」

青年說：「就像你當初告誡我的一樣，我離開了那個書商，開始自謀生路，一開始我常常為生計擔憂，但漸漸的，我找到了出路，就能生存下去了。現在我不用每天都加班熬夜了，而且活得很自在，還不用為未來擔憂。」

青年擺脫了槍手的生活，他才可能自由。要是青年甘心去做別人的槍手，他不會快樂。只有真正獨立，才會寫出屬於自己的作品。

我們不需要靠做別人的槍手生活一輩子，任何一個有所作為的大作家，他都不是對別人「惟命是從」的。他自由，能夠自由創作，比起那些槍手在別人的威嚴下要好得多。

有一個靠為別人寫作的年輕人向朋友哭訴：「我過得太累了，每天都要寫到很晚，而且一年四季休息很少，哪裡像一個作家啊？你們也知道，作家比較自由，他們的收入也豐厚，為什麼我的命運這麼不好啊？」他的朋友說：「你現在並不算一個真正的作家，你只是一個槍手。只有你擺脫這種生活，你才會成為真正的作家。」年輕人問：「怎麼擺脫呢？」朋友說：「首先，不要靠為別人寫作生活，要學會自立；其次，寫出屬於自己的作品；再次，讓別人認識你，知道你是一個優秀的作家，再證明給別人看，這樣你就會是一個優秀的作家了。」

這個年輕人做了別人的槍手，不光活得很辛苦，而且薪水、自由都難以得到保障。只有他自立，寫自己的文章，才能自由，成為真正的大作家。

我們需要擺脫槍手的生活，不能靠做槍手生活一輩子，至少我們需要自由，只有作家才可以談得上自由。而我們必須要自立，依靠別人是不行的。

意識到這一點，去做一個獨立的作家，我們最終會了解，只有做作家，才能讓我們好好的生存下去，那些做別人搶手的人，雖然可以「衣食無憂」，但總要為未來擔憂，活得提心吊膽。

所以為了我們一輩子考慮，能做作家最好不要做槍手，只有這樣才會獨立，才會自由，才能真正成為出色的寫手。

小結

作家和槍手都是寫手，然而卻有不同。作家是獨立、自由的，而槍手往往靠別人生活。我們需要意識到，最終能拯救自己的只能是自己，所以我們要獨立，要自由，不能一輩子做別人的槍手，必須要做作家，必須要寫出屬於自己的作品，這樣才能談得上未來能過上好的生活，否則一輩子為別人作嫁衣裳，只會活得不自在，活不出自己精彩的人生。

招數54　先成名後成功的道理

「成名」和「成功」是有差別的，往往成名的作家不一定成功，但成功的作家往往是有名氣的。

在一些作家沒有成為真正的作家之前，他們往往希望先成名再成功。因為成名後別人就知道他是一個作家了，他一生就可以完全的去創作了。

但要知道很早就成名的話，有一定的負面效應。例如：自負為作家，難免會沾沾自喜，自以為了不起。但也有好的方面，在一個作家成名後，他就會時刻檢討自己的行為，如果他的文章寫得不夠好，他就不會覺得名副其實有辱他的名字，他當然會力圖把每一篇文章寫好，不讓別人對他大跌眼鏡。

成名很容易，成功卻很難。在我們成名之後，需要去追求成功。不要認為自己是大作家，就可以和那些卓有成就的大作家相提並論。他們是因為他們的作品而成功，你暫時只有名氣，當然你們難以並駕齊驅，特別是隨著時間的推移，那些虛有其表的人只會被淘汰掉。

成名的作家往往不一定是出色的作家，而為了不會被淘汰，需要有成就，只有成功，才會是出色的作家。

當然成功比成名難得多。在我們成名之後，要去修練自己，不能自以為是，這樣才有可能成功。要是成名後就得意忘形的話，只能光鮮亮麗一陣子。

我們都不想風光一段時間後就備受冷落。想要成功，必須要有好的作品問世，這時候就需要隨時去檢討自己。當發現了自己還有某方面的不足，要力圖改進，當別人吹噓你時，要抱以謙虛的態度。總之成名後，不能太過張揚，否則就很難成功，只會曇花一現。

有一位卓有名望的少年作家，他自以為了不起，前無古人後無來者。然而由於他這樣自吹自擂，很快就被淘汰了。面對著別人對他的質疑，這位少年作家想了很長一段時間，覺得需要藉由潛心修養維護自己的地位。於是他不再陶醉社會上對他的讚譽，而是專心讀書、創作。若干年後，當別人都快要忘掉他的時候，他忽然間又推出了幾部作品。這些新的作品比他以前的作品更出色，由此別人再一次對他產生了興趣，他「早日成才」也成為了人們津津樂道的話題。

要是這位少年作家成名後不去追求成功，他只會風光一時就銷聲匿跡了。還好少年作家成名後意識到成功的重要，他才有可能再一次轟動文壇。

我們需要成名後追求成功，只有成功我們才可能永固自己的位置。

成名只是套在作家外表的光環，時間長了，光環就會褪去；只有成功，才是對作家內在的肯定，無論時間多久，永遠不會褪色。

我們希望永遠保留自己的位置，這時候就需要去追求成功。只有成功，我們才會被別人認可，而成名後就自以為了不起，不再去努力的話，時間長了，就不再是作家而是沽名釣譽的人了。

所以成名雖然重要，我們也可能先成名，但成名後要去追求成功，這樣才能成為一個出色的作家。要是成名後就沾沾自喜、故步自封的話，很快光環就會褪去，不再是受別人崇敬的作家而是敗絮其中的人物了。

小結

很多作家是先成名，但成名後需要去追求成功。我們不要在成名後就自以為了不起，要知道一旦自以為是，我們就會故步自封，而作家是經過長時間的修養而成的，別人都在進步，而我們卻原地踏步，時間一長，就拉開了距離，你不再是當初那個受人歡迎的「天才作家」，而只會被別人冷落在一邊獨自感受著無窮無盡的失落感。

招數55　苦心修練自己

很多人都以為作家生活得很幸福，他們也嚮往作家的生活。但要知道作家是吃了多少苦才有今天的成就。尤其是風光、優秀的作家，他們背後往往是辛酸和汗水。

如果我們看不到，只覺得做作家很光榮，我們不會是一個出色的作家。

出色的作家必須要苦心修練自己，百煉成鋼，千煉成金，否則只會讓別人嘲笑。

那些出色的作家他們都有辛酸的歷程，當然一般人很難了解，只看到他們生活的幸福，但如果你知道他們背後的辛酸你就不會認為成為大作家是輕而易舉的事情了。

有一位鄉下的孩子，他的哥哥是著名的大作家，他非常羨慕他的哥哥有很多錢，能住豪宅。在爸爸媽媽的同意下，孩子來到哥哥的住處，要和哥哥住一段時間。看到大城市裡多采多姿，這個孩子驚喜極了。他問哥哥：「哥哥，你怎麼能過這麼好的生活呢？哪裡像鄉下，每天早起貪黑，還過得那麼辛酸。」哥哥說：「我並不是每天那麼清閒，要知道有今天的日子，我是付出了多麼大的努力。當初我離開鄉下的時候也是一無所有，但是我在這座大城市裡拚命掙扎，每天都要為生計忙碌，每天都要寫好多文章，現在終於熬過來了，我才能過上這種好日子。」孩子不解，傻傻看著哥哥。

晚上吃過飯後，孩子在客廳裡看電視，哥哥則來到書房寫著文章。孩子沒有去理睬哥哥，繼續看他的電視。

招數 55　苦心修練自己

孩子和哥哥生活了幾個月，這時候他才知道哥哥的幸福生活來之不易，因為他每天晚上都要看到哥哥寫到很晚，而且哥哥有時累了，只是稍微休息一下，然後繼續寫作。

孩子被哥哥的精神打動了，對哥哥說：「我知道為什麼你會住大房子了，我會向你學習，苦心修練自己，將來也能過上好日子。」

看到弟弟了解了，哥哥欣慰的笑了。

孩子羨慕他的哥哥能過上舒適的生活，但要知道他的哥哥付出了多麼大的努力才有出色的今天。

任何人的成功都需要付出努力，我們不能只看到他光彩的一面而忽略了他背後的付出。尤其是身為作家我們更需要付出，因為作家是一個漫長的過程，只有你付出，有優秀的作品問世，別人才知道你是一個作家。要是你不知道付出，沒有吃得苦中苦，怎麼成為人上人。

我們需要苦心修練自己，只有吃得苦越多，將來才能越幸福。那些只看到別人過得幸福，而沒看到他背後付出的人是不明智的，因為沒有付出就不會有收穫。

同樣有一位鄉下的男孩，他的哥哥也是一位成功的作家。這位農村的男孩以為哥哥很富有，經常向哥哥要零用錢。直到有一天，哥哥告訴他：「我的錢也是來之不易，雖然我可以給你零用錢，但不能一直給你，你必須要靠自己去賺錢，天下沒有白吃的午餐，況且我不是富翁，不要把我想像的那麼富有，哥哥是吃了很多苦才有今天的成就，你要多吃苦，這樣你才可能成才。」聽了哥哥的一席話，那位男孩才終於知道哥哥的辛苦。

往往在我們幸福的時候，別人會圍在我們身邊，對我們投來羨慕的目光，但他們從來不想我們是付出了多麼大的努力，才有了今天的成就。

那些只想坐享其成的人是不明智的，只有付出才會有收穫。我們需要苦心修練自己，不停付出，只要付出的多，梅花香自苦寒來。

不要羨慕別人的功成名就，不要羨慕別人比你生活的幸福，要知道別人吃了多少苦，受了多少罪，才能有今天的成就。

我們需要多吃虧，多受罪，這樣才能知道生活的不易。有的人說了，作家並不一定要發家致富，的確，如果你苦心修練自己，就能寫出優秀的文章，當然就會得到社會的認可，就能「發家致富」了。

只要我們認真對待，就會因為我們的苦心修練得到幸運之神的眷顧，過上幸福的生活。所以任何成功者背後都是辛勤付出，作家也需要辛勤的修練自己。只有苦心修練，才會有所感觸，進而創作出更出色的作品。

小結

作家的幸福生活來之不易，我們不要只去羨慕，需要苦心修練自己，只有這樣才會過上幸福的生活。要是不去吃苦，當某一天有了意外的苦難，你不是去戰勝它，而是被它嚇得爬不起來了。

招數 56　漂泊幾年後再安定

文人並不是一直需要一個舒適的環境，安逸的環境會讓他們不思進取。而只有漂泊，品嘗人世間的冷暖，才有可能寫出更深刻的作品。

在我們年輕的時候，我們意氣風發，總對外面的世界充滿好奇，總希望某一天能夠闖蕩世界。於是我們懷著無比興奮的心情，來到了外面那個多采多姿的世界。

外面的世界雖然豐富多彩，卻也時刻充滿著艱辛。在不知不覺間，我們要為各種事情忙碌，要買房、要買車……我們每天被弄得焦頭爛額。直到後來才發現，並不是只有穩定下來才可以使自己獲益匪淺，尤其是我們想當一個作家，要是像平常人那樣每天上下班，一年四季沒完沒了，我們可能早就厭倦了。這時候我們希望過另一種生活，能夠體味到人世間的百態，不必整日再為生計忙碌。

在我們還無法好好的環遊世界時，漂泊成了一種常態。我們可能今天在這個地方，明天就在別處，我們也不想過這種生活，但時間長了就習慣成自然了。

漂泊會讓我們獲益匪淺，會感受到人世間的冷暖。當我們來到了一個陌生之地，我們的心裡終會有一種感受，那種感受說不上來。

於是隨著時間的推移，我們慢慢的成長，當我們經歷了人世間的酸甜苦辣之後，我們終於可以寫一部優秀的作品了，要是沒有那些漂泊的日子，我們寫出的作品不會深刻。

有一位家境富裕的青年才子，他想大學畢業後到各地去漂泊。爸爸媽媽不同意。爸爸說：「我們家裡這麼有錢，何必要過那種流浪的生活呢？」青年才子說：「我不是去流浪，而是去體驗生活，這樣我才能寫出優秀的作品。」媽媽說：「何必要用那種方式呢？不如媽媽休假陪你去旅遊？」青年才子說：「我要一個人去感受生活，現在我還年輕，等我將來再想漂泊的時候已經來不及了。」爸爸說：「漂泊的滋味很不好承受，你必須要能忍受孤獨寂寞，而且還有別人異樣的眼光，我和你媽媽不想讓你遭受那種罪。」青年才子說：「這算得了什麼，優秀的文人必須去漂泊，那樣才能感受生活，寫出好文章。」爸爸媽媽考慮了一下。媽媽說：「這樣子吧，兒子，當你在外面需要錢的時候，媽媽寄給你，但當你想家的時候可要回來啊！」青年才子答應了。

就這樣青年才子和爸爸媽媽達成了協議，他開始了他的「流浪之旅」，他去過人跡罕至的撒哈拉沙漠，去過風景秀麗的江南水鄉，去過無人敢穿越的亞馬遜雨林，去過高聳入雲的珠穆朗瑪……很多年過去了，這位青年才子，寫下了一篇篇的旅遊日記。由於他的那些文章非常具有形象、生動，很快有很多出版社爭相競奪版權。青年才子也成了暢銷書作家。

青年才子在外面漂泊，感受生活，他能寫出別人無法寫出的作品。當然漂泊需要付出一定的代價，否則自己去漂泊，卻置親情、友情等不顧，往往是不明智的。

同樣有一位青年才子，他也希望去漂泊，可是爸爸媽媽不同意，青年才子就和爸爸媽媽的關係鬧翻了。由於缺少資金的援助，他漂泊的日子過得很心酸、痛苦。

我們需要了解，漂泊雖然是好，但要付出一定的代價。

在我們年輕的時候去漂泊，這樣才能有深刻的感受。到那些人跡罕至的角落，到那些如詩似畫的地方，會讓我們獲益匪淺。

一旦我們漂泊過了，今生無悔，就可以靜下心來，寫出獨特的感受，這些文章讓自己成為出色的作家。

不要安於大城市裡的資源，那樣只會讓自己歸於平淡，而只有先漂泊，品嘗人世間的冷暖，才會靜下心來去創作，創作出發自肺腑的作品，讓自己真正成為大作家。

小結

作家需要漂泊，漂泊能讓我們更深刻的感受生活。趁現在還年輕，需要到外面去漂泊，這樣寫出的作品才能夠富有感染力。

招數57　養性情於山水間

很少有作家不愛山水，而當勞累和疲倦的時候，往往想到山水，要是時常能去遊覽大河名川那該多好啊！

我們可能很難時常與山水相伴，我們要待在城市裡工作、生活、學習、創作等。當假期，或者偶然的原因，我們來到了青山綠水間，往往會感覺舒適很多。我們會深深呼一口氣，在青山綠水間盡情玩耍，無所拘束。

古時候的文人們也是熱愛青山綠水的，當他們被上層社會所迫害，或者厭倦了錦衣玉食的生活，他們就可能隱居在青山綠水間。日出而作，日落而息。雖然過得很平淡，但他們很滿足，很快樂。

很少有文人總是過著奢華的生活，畢竟文人的任務是創作，青山綠水才能陶冶他們的雅興，才能使他們得到放鬆。

試想，商朝末年的伯夷、叔齊，他們不願意與當時的暴政合作，就隱居在渤海之濱。周武王滅商後，他們又隱居在首陽山（今山西永濟西），恥食周粟，采薇而食。

伯夷、叔齊在當時的歷史條件下，不為王位相爭而相讓，是可貴的。因此有關伯夷、叔齊的美德，自古以來就廣為人們傳頌，對於謙恭揖讓的民族傳統的形成產生不小的影響。

同樣東晉末期有「不為五斗米折腰」的陶淵明。他呼喊歸去來兮，最終成為了田園詩人的

招數57　養性情於山水間

開山鼻祖。

歷史上還有很多的文人，他們養性於青山綠水間，例如：唐朝大詩人李白，明朝畫家唐寅……從中我們可以知道，山水能夠陶冶文人的性情，能夠使他們靈性大發。

我們避開了城市的嘈雜，在大自然中呼吸新鮮的空氣，當然更容易成為大家。每天過著閒雲野鶴的日子，多麼逍遙又自在啊！

相信很多文人到最後都會回歸於山水之間，因為他們需要一片淨土安靜下來。當他們知道社會上的虛榮再也不能滿足他們時，他們就會找一個青山綠水的地方去修養自己。每天一日三餐，過著平常人的生活，體驗著「濃淡處味常短，淡中趣獨真」的真理。

我們需要在自己長時間的忙碌後，到山水間修養，讓自己的心靈得到陶冶，增加自己的文學底蘊。

有一個大作家，他對妻子說：「我們剩下來的日子也不過二、三十年，卻從來沒有享受到自然的樂趣，我們搬到鄉下去居住如何？」妻子說：「為什麼？」大作家說：「大城市裡太嘈雜，我需要一個安靜的環境讓自己修養。試想，鄉下青山綠水，環境非常好，我們每天過著普通的人生活，不是非常好嗎？」妻子答應了大作家，於是他們來到了郊外，找到了一個依山傍水的地方定居了下來。他們每天過著閒適的生活，比在大城市裡，整天忙得焦頭爛額要愜意多了。到老年的時候，大作家對妻子說：「我一生寫得最好的作品，不是那些在城市中央時寫得作品，那時候的作品充滿勾心鬥角，而在我們搬家到這裡之後，我寫得作品才令

我最滿意，我想它們一定是我人生中的精華。我感謝上天讓這樣的環境造就了我。」妻子說：「那麼，發表這些作品如何？」大作家同意了。果然憑著大作家的名氣和他深厚的文字功底，這些作品很快就被出版上市了，獲得了許多獎項。

大作家在青山綠水中養性，才會使心情沉靜下來，不再會浮躁，不再會參與勾心鬥角的活動。他能好好的寫好自己的作品。

對於這一點，我們需要了解，青山綠水可以讓我們釋然，可以回歸我們人類的本性，置身於青山綠水間會讓我們獲益匪淺。

當我們久於忙碌時，當我們和人世間的關係弄得很複雜時，需要到青山綠水之間休養一下。與世無爭，看潮漲潮落，聽流水溪聲，漸漸的，我們會悟出生命的稟性，寫出的文章會更上一層樓。

難怪很多作家都要隨時隨地去采風，感受當地的民族風情，只有置身於青山綠水般的風景，才會讓自己靈感大發，才會寫出好的作品。

我們需要今生抽空去青山綠水間養性，以免想去的時候已經來不及了。趁現在我們還年輕，到大自然裡休養一段時間會讓我們獲益匪淺。

小結

青山綠水往往是文人們得以休養生息的地方，至少在這裡沒有爭奪，可以讓自己的心

招數 57　養性情於山水間

心靈回歸自然，可以讓自己傾聽內心深處的聲音。從而能夠好好的產生靈感，創作出在紛繁的人世間，無法出現的優秀作品。

招數58 沒必要邋遢

大部分作家們都是衣著樸素，很平淡的生活著，當然也有時尚的人，即所謂的富豪作家、美女作家等。然而讓人想像不到的是，也有很多作家邋裡邋遢，不修邊幅，他們認為那樣有藝術感，豈不知會讓別人以為他窮困潦倒嗎？

當然富裕的作家不會穿得那麼邋遢，但富裕的作家有時也會不在乎衛生，這樣生活習慣不佳，往往會失去很多讀者的喜愛。

我們需要好好創作，創作出優秀的作品，我們也需要注重自己的外在形象不能一副髒兮兮的樣子，有礙觀瞻。

有一位作家，他寫出了一部很暢銷的青春小說，很快風靡了青年男女。有一位大學女生非常崇拜這位作家，一心要見到他的廬山真面目。

就在她滿懷希望的來拜訪作家時，她聽到了附近的居民說著作家的閒話，例如：他酗酒成性，一個月都不洗澡。這位大學女生聽著聽著，就覺得有點不舒服。但是已經來到了作家居住的樓下，她還是滿懷期待的等待著與這位作家見面。

終於門打開了，女學生一看到作家髒兮兮的面容，皺巴巴的衣服，頓時震驚了，站在門口，不知說什麼好。然後過了很長一段時間，女學生說：「我可以進去嗎？」作家說：「當然可以！」

招數 58　沒必要邋遢

女學生進了作家的家，看到他家裡非常凌亂，滿地碎紙，屋牆上還掛著蜘蛛網……女學生以為作家是撿拾廢物維生的呢！過了一陣子，女學生不好意思笑了笑說：「您住在這個地方？」作家說：「是的。」「那麼，您是否過得清苦呢，要住這種地方？」作家說：「我習慣了。」女學生說：「您小說裡的那些人物都那麼光鮮亮麗，為什麼您這麼不注重環境呢？」作家說：「反正都是住著，別人也不知道我屋子裡怎麼樣，即便打掃得乾乾淨淨，給誰看呢？」女學生說：「您這樣是很容易生病的。您不缺錢，為什麼要這樣生活呢？當然我不知道您酗不酗酒，抽不抽菸，如果有很多惡習，那也不好。」作家笑呵呵的說：「我酗不酗酒，抽不抽菸，別人也管不了，只要活得自在就行了。」女學生說：「您不想成家，難道想一輩子一個人生活嗎？」作家說：「像我這樣的人誰會嫁給我？」女學生說：「要是有人肯嫁給您呢？」作家搖搖頭。女學生接著說：「您寫得文章很好，可是見了您本人您的形象卻讓我失望。我是非常崇拜您的，何必要那麼邋遢呢？」作家靜靜的在那裡不說話。後來女學生屢次去拜訪作家，作家也漸漸的養成良好的生活習慣，也有越來越多的讀者喜歡他，而那位女學生則成為了作家明媒正娶的妻子。

邋遢不打理好自己的人，只會讓很多人瞧不起。養成良好的生活習慣，盡量不吸菸、不酗酒，這樣我們的讀者就會知道我們是一個生活習慣良好的人，才會對我們崇敬有加。

試想，當讀者知道他所崇敬的作家邋裡邋遢不成樣子時，他會是什麼感覺，或許會留下心酸的眼淚，或許會對他的偶像所不齒。但只要我們注重良好生活習慣的養成，即便不能開

豪車，住豪宅，衣著乾淨，舉止彬彬有禮，也會贏得越來越多的人的愛戴。不需要那麼邋遢，給別人良好的印象，也是作家的一個修養。

小結

很多時候，作家不修邊幅，自以為有藝術感，其實不然。身為作家，需要注重自己的外在形象，即便不可能像明星那樣讓人見人愛，但也不要讓人人見了都討厭。保持良好的習慣，有良好的環境與格調。

招數59　多交幾個朋友也不錯

作家們往往孤家寡人，喜歡一個人靜靜待著。但要知道人是群居動物，我們不可能一個人活在世上。有時候我們會感覺很孤獨，沒有人陪伴，渴望有朋友來到自己身邊陪自己談談心。可是一旦朋友多了，我們又會覺得心煩，總想找一個清靜的角落安靜下來。這退亦憂進亦憂，我們該怎麼辦呢？

在自己一個人清靜的時候就要好好的靜下來，在和朋友在一起的時候就要好好的分享那份快樂。我們不能不清靜，也不能沒有朋友。清靜更容易使我們產生靈感，有朋友才不會使我們孤單。當然有的作家就說，他們可以一輩子和文字為伴，將文字視為自己的知己，在文字裡或哭或笑，只要有文字作伴他們一輩子也就知足了。的確這樣的人可能是一個奇才，但可能會讓別人不理解，他的生活也可能不會充滿樂趣。畢竟那種把自己完全封閉的人會讓人敬而遠之，別人會認為他是怪人，就算他偶爾想交朋友，別人也不敢親近他。其實他的心靈是孤獨的，值得人同情、可憐。可是他不願意交朋友是誰的過錯呢？

就算是自己閉關工作的作家也希望有一兩個人可以談心，成為知己，只是他們不知道主動，缺少人際交流的經驗，很多人會原諒他和他交朋友的，只是有的作家脾氣古怪，即便很多人願意和他交朋友，都會被他「掃地出門」。

有一位作家，他脾氣很暴躁，沒有朋友。他居住在一個偏僻的地方，天天過著閒雲野鶴

的生活。然而這位作家是一位優秀的作家，在社會上也小有名氣。這時候有個公務員聽說了這位作家的古怪脾氣，也非常仰慕他的文采，決定去拜訪他。於是公務員帶了幾個人來到作家的住處。剛好作家不在家，公務員和那幾個人只好等待，等到天黑了也不見作家歸來，他們只好回去了。又過了一段時間，公務員再次來拜訪作家，這次是他一個人過來，然而作家又不在家，他又等到天黑。天黑了，作家還沒有回來，他只好回去了。第三次公務員來拜訪作家，作家正在打掃庭院。公務員看到了，連忙走過去說：「我總算等到您了！」作家不聞不問，撇下公務員一個人離開了。公務員猶如被潑了一盆冷水，但還是緊追過去，問作家他這幾天去哪了。作家一個字也不說走進屋子裡把門關上了。公務員在門外說：「大作家，我非常仰慕你的文采，能否讓我進屋促膝長談呢？要知道我找了你好久了。」這時候作家終於說話了：「其實那幾天我一直在家，沒想到你等了一下就離開了，你還是回去吧，我不想和你這樣沒有耐心的人交朋友。」公務員考慮了一下說：「既然這樣是我的錯，你總不能一個人生活啊？人都需要朋友啊，可不可以成為你的朋友呢？」作家生氣極了說：「真煩人！」然後從窗臺扔出一顆蘋果，重重的砸在公務員的腦袋上，又「砰」的一下把窗戶緊閉了。公務員心裡一涼，只好知趣離開了。

有好一段時間，公務員都沒有來拜訪作家。公務員聽說作家生病了，他不計前嫌，趕快帶來了一些禮物來拜訪作家。看到作家憔悴的躺在床上，他傷心的問：「你看看你，都病成這樣了，怎麼不去看醫生呢？」作家說：「我也想去看醫生，只是離醫院這麼遠，我一個人不方便，況且頭痛的很嚴重，看來不能活到秋天了。」公務員說：「別說這麼悲觀的話，你終會好起來的。」於是公務員為作家請了名醫，把作家的病治療好了。作家感動得淚流滿面，他曾來沒有這麼被關心過。在作家病好以後，公務員常常來看他，作家不把公務員拒之於門外了，他現在才知道有一個朋友多麼重要。作家非常感謝公務員的救命之恩。公務員說，他是非常敬仰作家的，可是人生在世，誰都要朋友，他能成為作家的朋友，已經是求之不得的福分了。

作家最終和公務員成為了朋友，他的人生才充滿了樂趣，才不會在自己落難的時候沒有人幫助。

我們不可能一生一個人活在世上，必須要和別人接觸。而千人千面，我們不可能和所有的人都成為朋友，這時就需要有選擇性的交往了。了解哪些人可以成為我們的朋友，哪些人只是和我們擦肩而過。

這樣有了朋友，我們才不會孤獨，才能好好的生活下去，其樂融融。

當然並不是朋友越多越好，要知道人生在世，有一兩個知己就夠了，況且有的人和我們稱兄道弟，當遇到危難的時候，是否會挺身而出呢？

只有真心的朋友才值得我們交往，我們會因為有那些朋友人生不再孤獨，創作和生活都大大得到改善。

小結

作家需要朋友，這是毋庸置疑的，然而並不是朋友越多越好。我們需要了解和什麼樣的人交朋友，這樣才能找到好朋友，才能活在幸福當中。

招數60　尊重別人的愛好

身為作家，有一點要記住，那就是不能強人所難，而不尊重別人的愛好。試想，你讓別人做他們不想做的事情，他們會心甘情願嗎？

我們沒有必要非得強人所難，只有他們願意去做某件事，我們才可以放心的讓他去做。千萬不可不管三七二十一，要他做什麼他就做什麼，那樣是不明智的。

有一位作家，他是一家公司的老闆，他聘任了一些員工，讓員工寫某些方面的文章。後來這個老闆非要讓某個員工寫某篇文章。其中，有一個員工很不願意的說：「我不想寫這篇，我想寫另外一篇。」這個老闆說：「不行，那篇已經有其他的人寫了，你必須寫這篇。」這個員工很不情願，但沒有辦法，只好答應了老闆。而這個員工寫出來的內容讓老闆並不滿意，老闆對他大加指責。這個員工很生氣也很無奈，只好離開這家公司。

老闆因為不尊重別人的愛好，讓員工寫他們不願意寫的文章，當然會有不好的事情發生。

一旦要別人做他們並不願意做的事情，他們往往會敷衍了事，把事情搞砸，千萬不可強加自己的念頭於別人。

有一個小說家，他很有名也很自豪。有一次，一個年輕人去拜訪他。年輕人說：「我想寫作，想成為大作家，但我不知道寫什麼好？」小說家說：「寫小說吧，會很暢銷的。」年輕

人說：「我不喜歡寫小說，喜歡寫小故事，就像是市場上的勵志書籍那樣。」小說家說：「寫小故事多麼沒有出息，聽我的話，你寫小說會成為一個偉大的小說家的。」「可是我不會寫小說，也不想寫小說。」

「你都能寫小故事，怎麼能不會寫小說呢？寫小故事多麼沒有出息，寫小說才會有前途。」年輕人很無奈，就謝過小說家離開了。

後來年輕人又去拜訪了另一位作家，這位作家說：「那你就寫你想寫得小故事吧，你會成功的。」年輕人大受鼓舞，就寫了小故事。而想當然，若干年後年輕人成為了勵志大師而不是小說家。

我們不要要求別人寫他們不願意寫的東西，要尊重他們的愛好。試想，如果別人要你寫你不願意寫的東西，你會願意寫下去嗎？我們不想被他人強迫，就不能去強迫別人。只有尊重對方的愛好，才會讓對方願意接受你的意見，你的想法。才能和別人其樂融融，不會讓別人難堪。畢竟你尊重別人的愛好，別人也會尊重你，你們才能一起進步，共同在寫作上指點、扶持。

小結

我們需要尊重別人的愛好，讓他們寫他們想寫的、擅長寫的東西，這樣才會有好的作品問世。「己所不欲，勿施於人」，尊重別人的愛好，尊重別人別人才有可能尊重你。

招數61　專業不重要，興趣才重要

很多人認為，成為中國最出色的作家必須是中文系畢業的，其實未必是中文系畢業的人，才能成為真正的作家，才能寫出傳世的作品。要知道一個出色作家的出現，最重要的是對寫作感興趣，才能持之以恆、無怨無悔的前進。要是他學習了中文，迫於某些原因他不得不學下去，未來的道路還很漫長，當他畢業後出社會，他就可能「丟掉」老本，去從事其他的職業了。

沒有作家生來就一定要學中文。我們或多或少都對文學感興趣，也希望自己某一天也能成為出色的作家。只是自己是「門外漢」，對文學一竅不通，或者在其他的行業裡從事工作，但只要我們有成為作家的夢想，一切就都有可能。

我們不需要非得要求自己大學時學習中文，一些文學愛好者總是和中文無緣。在此種狀況下，他又想成為出色的作家，不想湮滅自己的夢想，此時只要去寫自己想寫的東西，哪怕不知道是否會得到世人的認可，只要寫出了自己最滿意的作品，長久下來，就會成為優秀的作家了。

這裡很多人不相信，單純的興趣能成就自己的作家夢。下面講述一個真實的故事：

有一位文藝青年，他愛好寫作，只是他大學學的是建築系，與作家毫無相干，然而他沒有否定自己，不相信上天會湮滅自己的夢想。於是他大學裡閱讀了許多書籍，嘗試創作，希

望有朝一日能成為大作家。

然而追夢的道路異常坎坷，他還是憑著興趣，拚命學習和文學有關方面的知識。就這樣很快四年過去了，他的大學同學，大部分都從事建築業，只有他改行，做了文字編輯。

令很多人都意想不到的是，畢業後多年，只有他成為了作家，在社會上小有名氣，而其他的人大部分還是為生計奔波，無所成就。

這裡文藝青年堅持自己的興趣愛好，上天會垂青那些，對未來不失去自信的人。他相信自己儘管不是中文系也可以成為大作家，他就會成為出色的作家。相較他的那些同學而言，同學們只是隨波逐流，為了生計不得不從事建築業。要知道一旦這樣得過且過，一生就難有大作為。而只有從事自己喜歡的職業，才能有所為有所不為。

我們要對文學感興趣，這是成為作家的必要條件。要是我們對文字不冷不熱，迫於某方面的原因不得已寫作，這樣就猶如趕鴨子上架，不會寫出優秀的作品的。

而只有出於內心的熱愛，然後多多接觸和文字有關方面的知識，我們才有可能會成為作家，毋庸置疑！

小結

我們大學裡所學的雖然重要，但它不能決定我們一生所從事的職業。我們需要找到自己的興趣所在，然後才能在那個行業裡出類拔萃。要是從事了自己不喜歡的職業，到頭來不只是「迫不得已」，而是自毀前程了。

招數62　和同類型的作者比較

人最怕的是比較，比較之下見高低。而人不得不比較，只有比較才有競爭。對於作家而言，需要和同類型的作家相比，這樣才能發現自己的缺點，看清自己的優點，才能不斷鞭笞自我。

當然和同類型的作家比較，要取比較好的一面，例如：誰的作品寫得好，誰的讀者多。這樣才能同時進步。

只有共同進步才會看到可觀的未來。我們和同類型的作者是競爭者但也是合作者，我們可以和他競爭但更要和他合作。只有從對方那裡，我們才能好好的提升自己。

有一位年輕人，他愛好寫作，不過他無緣學習中文，他只好靠自學，而他不知道他寫的東西是否會令人滿意，年輕人就請出版社的編輯提供意見給他。一開始出版社的編輯對他說，他寫的文章太差了，需要再磨練幾年，而平時應該多看看別人的文章，和優秀的人作比較。年輕人如夢初醒，就經常和優秀的人物比較。學習他們的優點，學習他們的寫作方式。漸漸的，年輕人寫得文章越來越好，也能出版了。但年輕人並沒有自滿，他知道，需要和更優秀的作家相比，這樣才能不斷鞭笞自我，不斷前進。

年輕人和優秀的作家比較，他當然會越來越優秀。要是年輕人不知道去比較，不知道向優秀的作家學習，那麼他會很難進步。畢竟在同一個行業裡競爭，是和同一個行業裡的人物

招數 62　和同類型的作者比較

相較而言。他們比我們優秀，我們就較為遜色；我們比他們優秀，我們則相較出色一些。

我們需要清楚這一點，只有自己越來越優秀，才能永固自己在文學中的位置。

當然和同類型的作者比較說不定我們比他們還優秀，這時候要冷靜一些，以免自滿自足、驕傲使人落後！

有一個年輕的才子，他很優秀，很多前輩寫得文章都沒有他寫得好。為此年輕人很高興。有一天，一個比他大十多歲的作家拜訪他說：「你真是年輕有為，值得我學習啊！」年輕的才子聽了，心中很高興說：「只不過是我有天賦，才能這麼早才華展露的。」

「那麼，你能說說你成功的祕訣嗎？」

年輕人就把他如何優秀的事情告訴了那個作家。那個作家對他翹起大拇指說：「真是後生可畏啊，我這個前輩不得不甘拜下風了。」

很多年過去了，年輕人還滿足於當初的優秀。而那個作家已經比他出名了。年輕人很納悶，就過去找那個作家說：「為什麼你比我出名？」那個作家說：「因為我更優秀。」

「不可能！」

那個作家接著說：「前幾年你是比我優秀，但是你過於驕傲，阻擋了自己成功的步伐，而我知道自己當初很遜色，就虛心向優秀的人物學習，當然包括你。這樣我在進步，你在原地踏步，時間長了，我自然比你優秀了。」年輕人如醍醐灌頂，但已經晚了。

年輕人自以為很優秀，而不去和更優秀的作家比較，結果他就不會前進，就有可能

退步。

我們不要滿足於目前的成績，要知道若我們不和優秀的作家比較，我們就可能被其他人超越，因為他們在前進，我們卻在退步或者原地踏步。

有一位年輕的才子，他經常上網查詢大作家的資料。他的朋友不了解的問他：「你幹嘛？」年輕的才子說：「我想看看那些大作家為什麼會是大作家，我要超越他們。」朋友說：「他們是大作家當然是有原因的，因為他們有好的作品。」年輕的才子說：「只要我向大作家學習，我也會成為大作家。」果然若干年後，年輕的才子越來越優秀，因為他和更優秀的作家作比較。

我們需要和更優秀的作家比較，不能和那些較遜色的同類型的作家相比。只有這樣我們才不會退步，才能越來越優秀。

當然只要我們越來越優秀，我們就不用擔心某一天被淘汰，要是我們不和同類型的作家比較，就宛如沒有一面鏡子來自我反省，是很難以取得成功的。

小結

我們需要和同類型的作家比較，但要擇取比自己更優秀的作家，這樣才不會自滿自足、看不清自己。一旦了解自己，我們就不會故步自封，也不會退步，而會越來越優秀。

招數63　多讚美同行的人幾句

所謂「文人相輕」，作家們的戰爭更是永無止境。他們經常口誅筆伐，而從來不想，同行是否值得他們那樣去看待。

總以為別人的文章不如自己，總以為自己是最優秀的作家，而我們也不能借貶低別人來抬高自己，畢竟每個人都有生存的理由，即便「文人相輕」，你認為他不如你，但事實證明，如果他比你優秀，你只會讓別人嘲笑了。

有一位青年作家，為了贏得別人的目光，他不去充實自己，寫出好的作品，而是對那些有名的作家大加責罵。於是他靠著那些作家的名聲提高了他的名氣。但是很多人對他不齒，畢竟他沒有真正的本領能成為優秀的作家，只不過和別人吵架出名罷了。

這位青年作家雖然能夠名利雙收，但不一定是出色的作家。優秀的作家並不是貶低他人的作家。

我們不需要藉由和別人爭吵達到自己的目的，況且我們真正的任務是創作。如果藉由吵架獲得名利雙收，長時間後，別人只會對你的行徑不齒，你在別人心目中只會留下不好的印象。

何必要到那種結局呢？作家只有拿出好的作品，才會得到他人的認同。如果你在同行中得罪了很多人，你就很難在其中生存了。何必要在同行中處處樹敵，讓自己走投無路呢？

作家們並不需要同行的人口誅筆伐他，尤其是那些優秀的作家，如果你對他大加指責，除了有可能你很有道理之外，另外的一個可能是你是一個小人，企圖藉由大作家來抬高你自己。

要知道作家們都需要鼓勵，你讚美他們一句會對他們受益無窮。特別是對那些還沒有出名的作家，他需要別人的認同，如果你多讚美幾句，他會更加努力，而且有可能邁向成功。

一位青年作家帶著自己的得意作品，去拜訪了社會上一位頗有名望的大作家。大作家在看了作品後說：「你寫的作品並不是多麼令人滿意，不過你再堅持下去，注意修飾一些措辭，我想再過三年，你就可能成為一位出色的作家了。」青年作家一聽，謝過大作家，然後就離開了。三年後，大作家去參加一次聚會，忽然間朋友要介紹一位大作家給他。這位大作家去看了，了解原來朋友介紹的那位大作家，正是三年前來拜訪他的青年作家。青年作家一看到這位他，連忙站起身來和他握手。青年作家激動說：「終於又見到你了，我感覺無比慶幸，尤其是三年前的一句話，你給了我良藥，你說如果我堅持下去會成功，我如獲新生，就嘗試繼續寫作，沒想到三年後果然成了小有名氣的作家。」大作家一聽，呵呵笑說：「我當時只是鼓勵了你一句，我看你確實有成為大作家的特質，沒想到真的應驗了，看來我還有一定的識人能力。」大作家和青年作家相視而笑。

大作家鼓勵了青年作家，青年作家才有信心創作下去，當然若干年後，才可能和大作家平起平坐，要是大作家當初徹底否定了青年作家，他可能從此自怨自艾，找不到人生奮鬥的方向，也有可能墮落，再也沒有出名的一天。還好大作家做到了識人的能力，他既是伯樂，又交了一個同行的好朋友。

我們需要多讚美同行的人幾句，不一定要把他們當做我們的競爭對手。畢竟同在一個社會上生存，他們也需要得到別人的認同，多讚美他們幾句，會讓他們幹勁十足；多讚美他們幾句，會讓他們記住你的和善，你的賞識。

我們不需要和同行針尖對麥芒，畢竟我們要和同行共同發展，就不能只看到他們不好的一面，需要多讚美他們幾句，這樣同行的人可能會由衷的感謝我們。要是我們面對同行的人毫不留情，這不是處處樹敵嗎？

當然我們也不能太過誇獎同行，有時候一味的讚美反而會適得其反。

有一位大作家受邀去指點朋友的兒子。朋友一直想讓他的兒子將來也成為大作家，於是把兒子寫得文章給這位大作家看，大作家看後說：「寫得不錯，如果長大了，必然能夠成為大作家。」朋友沾沾自喜。就這樣朋友每次讓大作家指點他兒子的時候，大作家都對朋友的兒子大為誇讚。直到有一天，朋友的兒子哭著對爸爸說：「爸爸，我寫得文章不是很好嗎，為什麼我的同學說我的文章文理不通？」爸爸非常生氣，就找到了兒子的那幾位同學。同學們說：「虧他還是大才子，你看看他寫了什麼，還沒有我家的妹妹寫得好。」於是他們把他們妹妹的文章拿了出來。這位爸爸不知如何是好，回到家後，把那兩篇文章抄錄了下來，然後逐一拜訪同一個城市的作家們，讓他們評價文章的優劣，結果都是兒子的文章寫得比較差，

兒子同學的妹妹文章寫得較好。爸爸又把兒子的文章拿給大作家看，說是自己兒子寫得，大作家看後說寫得很好；爸爸又拿出兒子同學的妹妹的文章讓大作家看說是別人寫得。大作家看後說：「不知道在寫什麼，簡直一文不值。」他聽後很生氣，但沒有溢於言表。從此以後，再也不請大作家輔導他的兒子了。

大作家一味的誇獎朋友的兒子，結果適得其反。要知道一旦過度誇獎，就有可能增加了對方的虛榮心，讓對方以為自己很優秀。直到有一天對方遇到了真正的對手，他才會幡然醒悟，簡直誤人子弟。

我們雖然可以多讚美同行的人，但不能只讚美不去指出他的缺點，這樣會讓對方自滿自足，從而裹足不前。

了解這些，我們就能在同行中生存下去，不會讓他們瞧不起，或者不會因為瞧不起同行讓他們懷恨在心，和你之間有著剪不斷，理還亂的矛盾。

小結

作家需要別人的讚美，尤其是更需要得到同行人的承認。我們要讚美其他作家，不能對他們不留餘地的口誅筆伐，畢竟我們沒有理由，非要讓他們下不了臺，他們不是我們最大的敵人，最大的競爭對手，只有你自己，你要有正確的心態，如果把同行的人視為自己的朋友看待，視同行為一家人，就不會輕視彼此，就能好好的「相互扶持」下去。

招數64　間歇性的創作習慣

成為一位出色的作家，並不是讓你每時每刻都在創作，這裡有一個方法，可以助你成為出色的作家：間歇性的創作習慣。

有的人會問，什麼是「間歇性的創作習慣」呢？這是一些成功作家採用的方法，他們能成為大作家，不是拚命加班熬夜創作，在他們勞累的時候他們會停下來休息，在他們想創作的時候就會去創作。

我們要清楚，創作並不是要我們總是在寫作，我們需要掌握創作的技巧。要知道人的精力和時間有限，而每個人寫出來的作品不盡相同。就拿我們個人而言，我們每年寫出的作品也不盡相同。而作品有優劣之分，我們雖然可以拚命寫，可以一天寫作十多個小時，但要評估這樣的效果好不好，否則縱使你寫了千部作品，沒有一部可以流傳下來，不是功虧一簣嗎？

《全唐詩》有四萬二千八百六十三首作品，然而讓人記住的卻不多。我們要知道，創作並不是數量越多越好，只有那些可以流傳的作品，才可能成為我們一生的佳作。

這就要求我們，不能永無止境的創作，從不休息。當勞累，或者沒有靈感的時候，需要讓自己休息一下。

有一位男孩，他每年能寫出十幾本書，而且全部是原創的。有人不了解的問男孩：「你

一年寫十幾部作品，你是一個月才寫一本書對吧？」男孩笑著搖搖頭說：「不，我十幾天就可以寫一本書。」那個人十分驚訝說：「天呀，你十幾天寫一本書，書的品質會好嗎？」男孩說：「當然都可以出版。」那個人接著問：「不對啊，如果你十幾天能寫一本書，那麼你一年的產量應該是二三十部作品啊？」男孩笑著說：「我的確是十幾天能寫一本書，而我在寫下一本書的時候，中間要停頓一段時間，畢竟要有靈感，要尋找寫作的題材。有時候我一個月可以寫三本書；有時候我一連兩個月都沒有寫一本書。」那個人略有所悟的說：「這樣看來你已經掌握寫作的技巧了。」男孩笑著說：「寫作並不是一個月必須要寫多少，有時可寫一本書，有時可寫兩本書，也有時一本書都可以不寫，關鍵是想寫的時候要寫，不想寫的時候可以不寫，這樣間歇性的創作，就可以創作出更多更優秀的作品。」那個人笑了，對男孩投來敬佩的目光。

的確我們創作不能一味毫不休息去創作，總有靈感枯竭的時候，要是這時強迫自己去寫，不光不知道寫得是什麼內容，而且拿出來也不會讓讀者滿意。只有靈感來臨的時候，努力去寫，不想寫得時候不強迫寫作，這樣才有可能勞逸結合，創作出好作品。

當然很少有人是間歇性的創作，他們也不了解為什麼一個月可以寫多本書，而間歇性創作的人，他們可不是每個月都要寫多本書，有時幾個月都不會寫一本書，而當想寫得時候，就可能洋洋灑灑，用很短的時間寫完一本書。

我們要清楚這一點，一旦養成習慣就可以信手拈來，否則不懂得這種技巧，縱使努力創作，結果往往不會令人滿意。只有依照自己的想法去寫作，養成這種間歇性的創作習慣，就會寫出自己最滿意的作品，當然也會成為大家了。

小結

很多人會毫無節制的創作，結果數量是很多，卻很少有令人滿意的作品。一些人依照自己的想法創作，這樣數量雖然不多，但每一部都是精品，就是大家，而且這種間歇性的寫作一旦養成習慣，可以使自己得到及時的休息，能好好享受生活。

招數65　並不是必須要有最喜歡的作家

有一次，一位作家參加一次電視節目。主持人問他：「請問趙先生，你最喜歡哪個作家呢？」作家呵呵的笑說：「一個都沒有。」場下頓時一片譁然。然後主持人讓大家鎮定下來，接著問作家：「不可能吧？你這麼有名，怎麼會沒有不喜歡的作家呢？難道你自以為是最優秀的作家嗎？」這位作家搖搖頭說：「我的確沒有最喜歡的作家，而且我認為我是十分遜色的。」「為什麼呢？」作家接著說：「我之所以沒有一個最喜歡的作家，是因為只要有優秀的作品我都要去看，而一個作家並不是所有的作品都很優秀，如果我只獨鍾於他一個人，難免要受到他的想法拘束，世界上有好多作品值得我去閱讀，並不是只有一位出色的作家，我要研究他一輩子。我們也知道，小時候我們的課本上有好多作家的文章，為什麼偏偏不是一位作家的文章呢？要知道那位作家雖然能影響某些人，但不會影響所有的人。我並沒有祈求會影響別人，但身為一位作家，我就要寫出更多優秀的作品，只有參考全世界優秀的作品，才能寫出更傑出的作品。只要是優秀的作品，無論是誰寫的，我都會去閱讀，我並沒有最喜歡的作家，沒有一個作家他的每一部作品都寫得很優秀的。」場下的人一聽，陷入寂靜，然後爆發了雷鳴般的掌聲。

畢竟我們的時間和精力有限，我們可以去喜歡某些作家，也可以有自己最喜歡的作家，但我們並不用要有最喜歡的作家。那些沒有最喜歡的作家的人，集全世界作家之精華，無論他們的身分、地位等，只要他們的作品寫得好，都要去閱讀。這樣精益求精，去其糟怕，留其精華，才能及早成為更傑出的作家。

我們要去讀那些更優秀的作品，不要在乎他們是誰，不在乎他們是否有名氣。只要是優秀的作品我們都應該去讀，畢竟我們要成為一位優秀的作家，只有集全世界作家的精華，才能自成一家、成為大家。

當然我們有最喜歡的一個作家，往往會關注他的一切。這樣我們就很難超越那個作家，畢竟我們的思想受他的影響，是在他的影響下創作、生活的。要是我們去涉獵所有優秀的作品，想當然，即便我們沒有最喜歡的作家，我們也會寫出出色的作品。畢竟我們所讀的作品都是全世界的精華，這樣我們也可能成為作家中的精粹。關鍵是不要「隨波逐流」，結合眾多作家的優點，讓自己更加傑出。

小結

很多作家都有自己最喜歡的作家，然而他們往往超越不了他們最喜歡的那個作家。要是沒有自己最喜歡的作家，就能用更開放的態度去涉獵所有作家優秀的作品，我們就會集中全世界作家的精華，自成一家，從而能成為作家中的作家，讓以後的作家難以超越。

招數66　自信能成為大作家

雖然再談自信已經是老生常談了，但我們要有信心能成為大作家。如果我們不相信自己，信念就會動搖，影響我們的築夢之路。

自信是我們成功的基本保障，尤其是在寫作上，我們更需要自信。試想，我們寫作到底是為了什麼？不是想成為大作家嗎？而我們都認為自己能成為大作家，才會寫作下去。而我們看不到可觀的未來，就不會寫作下去了。這時候會否定自己的寫作能力，但如果不去寫作的話，就不會成為大作家。

一位青年才子他寫了很多東西，一開始得到了別人的讚揚，他沾沾自喜，認為將來一定能成為大作家。可是漸漸的，他的心情越來越浮躁，寫出的作品也越來越不好，很少有人再讚揚他了。青年才子開始否定自己的寫作能力，他不認為自己將來能成為大作家。就這樣很長一段時間，青年才子都沒有寫作了。直到有一天，一位同行的大作家遇到了他問：「你是OOO嗎？」青年才子很謙虛說：「我以前是，現在什麼都不是了。」「為什麼？」青年才子說：「我現在寫的作品品質越來越差，不用想能成為大作家了。」

「那麼你想成為大作家嗎？」

「想，可是實現不了。」

「為什麼說實現不了呢？」

招數66　自信能成為大作家

「憑我目前的條件，我認為我永遠也成不了大作家。」那麼，你以前不是認為自己能夠成為大作家嗎？而且以前你贏得了別人更多的讚賞。現在你不能否定自己，只有自信才可能成功，只有自信才可能讓別人對你刮目相看。」青年才子和大作家又談論了很長一段時間，最終青年才子找回了自信。從此以後，他不再意氣消沉，很快他寫出了優秀的作品，又贏得了別人讚美。

青年才子不相信自己，他當然難以寫出優秀的作品，還好青年才子建立了自信，他才能寫出優秀的作品，讓別人對他刮目相看。

我們需要建立自信，沒有人一開始就是大作家。在那些大作家沒有成名之前，他們往往是相信自己的能力的，他們才能一步步前進。我們也需要相信自己能夠成為大作家，因為只要有信心，我們才會是優秀的作家。

有一個靠寫作維生的才子，他寫了很久，可是沒有一本文稿可以出版。他很懊惱，把他寫得稿子付之一炬。朋友看到了問說：「你在做什麼？怎麼把自己辛辛苦苦寫出來的文稿燒了呢？」才子說：「我做不了大作家，留這些文稿還有什麼用？」朋友說：「你怎麼知道自己做不了大作家呢？說不定很快你就會成功。」才子說：「我寫了那麼長時間卻沒有拿到稿酬，也就是說出版社並不認可我，這樣我再寫作下去，能成為大作家嗎？」朋友說：「你認為你是一個失敗的人士嗎？」才子停頓了一下說：「我怎麼會是一個失敗的人士呢？我覺得會成功的。」朋友一聽笑著說：「看來你能成為大作家了。」才子一怔，不知說什麼好。後來才子

又重拾寫作。就這樣日子一天天過去，終於有出版社願意出版他的文章了。這時才子才相信自己的力量有多大。

要是才子當初放棄的話，他不會出書。還好他相信自己，他才能夠堅持下去，離自己的理想越來越近。

我們也需要相信自己，因為只有相信我們才會有動力。試想，不相信自己能成功的人他會成功嗎？他只可能活在痛苦的邊緣。而那些相信自己的人，才會勇往直前。

我們需要相信自己，這是我們成功不可動搖的祕訣。而我們相信自己能成為大作家，就會朝著那個目標靠近，就有可能真的成為大作家。

所以相信自己很重要，只有相信，才有可能美夢成真，才可能成為出色的作家。

小結

作家需要相信自己，只有相信才會有動力，才不會湮滅自己的夢想，最終才會實現夢想。我們需要相信自己能成為大作家，然後為了這個目標前進，就有可能實現理想。

招數67　重拾若干年前的夢想

有一位農夫一直想寫一部，關於他生活的長篇小說，可是他知道他只是一個農夫，沒有作家的才華，很難寫出一部像樣的小說。就這樣農夫懷著作家的夢想，卻遲遲沒有去創作。

直到有一天，農夫假日來到公園裡散步，看到一個中年人悠哉的在那裡哼著歌曲。農夫刻意走過去問：「你是這裡的市民嗎？」中年人回答說：「是的！」「那你是做什麼工作的呢？」

「作家。」農夫一聽，羨慕不已，馬上來了興致說：「我最羨慕的就是作家，要是我也是作家那該多好啊！」

中年人試探性的問：「為什麼說當作家好啊？」

農夫說：「當作家可以寫出人世間的百態，可以為後世留下精神財富，可以享受生活……不像我們農夫，一年到頭不停工作，我做夢都想當作家呢。」

「你想當作家？」

「是啊，我很多年前就想當作家了，想寫出自己的生活閱歷，可是我的學歷太低了，永遠當不了作家，我現在回想起來的時候，還常常羨慕年輕時的衝動。」

中年人問：「那你現在還想當作家嗎？」

農夫說：「已經老了，少了當初的熱情，但是能成為作家是我唯一的願望。看來我這一

生和作家無緣了，注定要一輩子耕作。」

中年人說：「你現在創作也不晚啊，畢竟作家年紀越大越能創作出優秀的作品。」

「別嘲笑我了，當作家只是我的夢想，我沒有知識，沒有背景，怎麼能成為大作家呢？」

中年人問：「你識字嗎？」

農夫說：「當然識字，不過國中就畢業了。哪裡像你們大作家，都是高材生，我要是當初能夠上大學那該多好啊！」

看著農夫很嚮往的樣子，中年人說：「其實你現在創作也不晚，很多作家都是大器晚成的。」

「我可以嗎？」

「當然只要你重拾夢想，你一定會美夢成真的！」

農夫大受鼓舞，在回家後就嘗試寫作。雖然他每天要等到完工後才能寫作，他卻樂此不疲。

漸漸的兩年過去了，農夫總算舒了一口氣，而正巧，他又遇見了那位作家。

農夫對作家說：「我把我想寫得作品已經寫好了，你可以幫我發表嗎？」

「可以啊！」作家很泰然的說。

於是農夫經常和作家來往，半年後，他的作品終於問世了。而且因為這部作品，農夫獲得了國家級的獎金，他一下子擺脫了當農夫的命運，成為了真正的作家。

成名後，他感動極了，緊握著那位作家的手說：「太感謝您了，不然的話，我一輩子只能當農夫了。」

那位作家說：「你應該感謝的是你沒有忘掉夢想，然後堅持下去你才會成功。總之你要感謝的是你自己，只有你才是自己的救星。」

這位作家說的話很對，「只有你才是自己的救星」，而現在就有很多人希望像農夫一樣轉變命運，但轉變命運首先要相信自己，更要去追夢。

在我們有了那個夢想後就要去追尋，只有去追，才有可能美夢成真。成為作家沒有任何條件的限制，無論身分、地位，只要熱愛寫作，都可以成為大作家。不要太在乎別人的閒言碎語，別人說我們成功就相信，別人說我們不可能成功就徹底否定自己，那樣受別人的想法左右是難以成功的。

小結

成為大作家沒有任何條件的限制，只要熱愛寫作，無論年齡、地位等，都可以成為大作家，關鍵是不要湮滅若干年前的夢想，這樣才有可能美夢成真，要是不相信若干年前的夢想會實現，可能真的會實現不了。勇敢並堅持去追夢說不定很快就會成功。

招數68　每月讀一本好書

世上的好書很多，我們讀到的卻不多。如果我們不去讀好書就不能寫出好書。而面對林林總總的好書，我們該怎麼讀呢？

很多時候，我們會選擇自己感興趣的好書讀。這樣雖然能增長我們的能力，但要知道是否只有讀那些好書，我們就能夠成為大作家。有的時候書的內容很好，但不一定值得我們去讀，即便我們對那本書非常感興趣。

我們要選擇對自己有用的好書去讀，這樣將來想起來的時候，也可以運用到自己的創作中。

至於讀好書，不需過多，畢竟我們無法把所有的好書都讀完，只要我們每月讀一本就足夠了。

選擇那些適合自己的好書去讀，我們會獲益匪淺。試想，裡面精彩的描述，優美的文筆，我們無疑沉浸其中。從裡面我們能感覺到生活的美好，能體驗到另一個世界。既然這樣何不去讀好書呢？不需過多，只要一個月讀一本好書就足夠。漸漸的，它們就會成為我們的良師益友，使我們寫出的書也能成為好書。

我們要堅持每月讀一本好書，養成習慣。如果半途而廢，前面的努力就可能功虧一簣。

試想，我們讀好書並不是為了陶冶性情，我們還需要寫作，如果讀的好書很少，我們怎麼寫作呢？況且即使寫作，寫出來的作品也不會優秀。這時就要再去讀書了，不需過多，一個月一本便足夠。

林林是一個愛閱讀的男孩，他經常如痴如醉的讀書。媽媽看到了問林林：「你經常讀這些書，不覺得疲倦嗎？」林林說：「我讀的是好書，就如同和良師益友交談，每天感覺快樂無限，怎麼會累呢？」媽媽說：「既然這樣你讀那些書是為了做什麼呢？」林林說：「現在我還很年輕，等我讀的好書多了，知識就豐富了，那時候就能寫出好書了。」媽媽說：「原來你是想寫書啊！」林林說：「是啊，只是我現在年紀小，缺乏知識，所以想多讀好書加深自己的視野。」媽媽說：「那你一本書什麼時候能讀完呢？」林林說：「我不去刻意要求自己，每月讀一本好書就足夠了。」看到林林認真回答的樣子，媽媽說：「你讀下去吧，你將來會成為大作家的。」林林就接著繼續讀書。很多年後，林林工作了，而他的職業就是作家。林林寫了很多好書，很多人都很羨慕他。

林林因為讀了好書，時間長了，就能寫出好書。我們要想寫出好書，也要多讀好書，不需過多，一個月一本就足夠了。

當我們空閒的時候，當我們寫不出文章的時候，就去閱讀好書吧！我們會從中有新的發現，新的體驗。

只有多讀好書，我們的書才會越來越好；只有多讀好書，我們才不會寫出品質不好的書籍。

總之讀好書大有裨益。而讀好書，要選擇適合自己的，不能亂讀。

毛毛喜歡讀書，可是他什麼書都讀，一些不適合他看的書他也去讀。媽媽看到了，很擔心說：「毛毛，你不能什麼書都去讀，要知道有些書你是不能讀的，雖然它是好書。」毛毛說：「為什麼？」媽媽說：「它裡面的內容不適合你看，況且你沒有那麼多的時間去讀所有的好書，你要有選擇性的閱讀，否則不假思索任何書都去讀，不光會浪費時間，而且有可能會毀了你自己。」毛毛問：「怎麼會毀了我自己呢？它可是好書啊！」媽媽說：「好書也分為很多種，例如：成人看的，年紀還小去看就不適合。你需要了解這一點，將來才能寫出好書。」毛毛略有所悟。從此以後，毛毛有選擇性的閱讀，不再讀不適合他看的書籍了。毛毛長大後，才知道媽媽那些話的重要性，他成為一位老師。

好書很多，但不一定都適合我們閱讀。例如：題材不符，年齡不符的。我們不用讀所有的好書，因為我們的人生很短暫，沒有時間讀完所有的好書，有選擇性的閱讀就行了。

我們要選擇讀那些對我們有用的書，這樣就會受其影響，漸漸會寫出好書，要是不看類別的去讀，是不明智的。

當然我們讀適合自己的書籍，並不一定白天讀，夜晚也要讀，只要每月能讀一本就足夠了。其他的時間，你可以上班，可以遊玩，不用勉強自己。

小結

好書很多，我們要有選擇性的去讀，這樣才不會浪費時間。而讀了適合自己的書，不要求你分分秒秒都去讀，只要每月讀一本堅持下去就行了。你會因為讀了這些好書讓你獲益匪淺，如獲新生。

招數69　文學功力的無止境累積

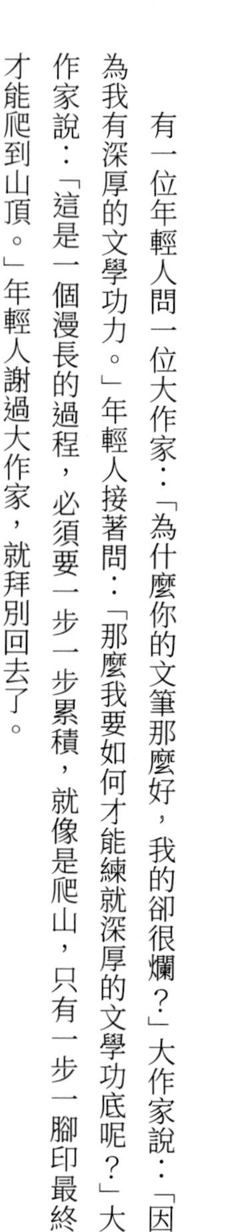

有一位年輕人問一位大作家：「為什麼你的文筆那麼好，我的卻很爛？」大作家說：「因為我有深厚的文學功力。」年輕人接著問：「那麼我要如何才能練就深厚的文學功底呢？」大作家說：「這是一個漫長的過程，必須要一步一步累積，就像是爬山，只有一步一腳印最終才能爬到山頂。」年輕人謝過大作家，就拜別回去了。

幾個月後，年輕人又來拜訪大作家說：「我最近寫了一些文章，你看看功力如何。」大作家看了那些文章說：「比前一段時間的好多了，但還不夠。」年輕人問：「如何才能夠深厚呢？」大作家說：「再去累積！」年輕人就又拜別大作家回去了。

這樣又過了幾個月，年輕人再來拜訪他。年輕人說：「這次我的文學功力算是可以了吧？」大作家說：「這次比前兩次都好，但遠遠不及我。我不是吹噓，你應該能看出我的文學功力比你的深厚多了，而你要想成為大作家，必須不斷累積。世上很多的大作家，他們的文學功力更甚於我，只有不斷努力，才能成為更優秀的作家。」年輕人略有所悟，就再一次回去了。

這次以後，年輕人好幾年都沒來拜訪大作家了。直到十年後，年輕人已經是社會上名聞遐邇的大作家了，他之後拜訪大作家說：「真是感謝您上次的指點，要不然我不會寫出那麼好的文章。要知道我這十年來累積文學功力，最終寫出的文章讓很多人無法超越。」大作家

招數69　文學功力的無止境累積

說：「我能看看你寫的文章嗎？」年輕人就把那些文章給大作家看了。大作家看後大為驚嘆說：「真是寫得太好了，我自嘆不如！」

年輕人最終能超越大作家，是因為他的文學功力達到了一定程度。而他的功力不是一朝一夕就可以造就，是十年的累積才能成就。

凡事不可操之過急，尤其是磨練文學功力，只有慢慢去累積，才能積少成多，成就自己。

一個愛好寫作的男孩問媽媽：「要怎麼才能成為大作家呢？老師說我現在文章寫得很差。」媽媽說：「你想超越你的老師嗎？」男孩說：「當然想！」媽媽說：「你要有心理準備，用二十年超越你的老師，這二十年你要去累積你的文學功力，不要到處炫耀。」男孩答應了。

二十年後，男孩已經是蜚聲文壇的大作家了。這時他把他的文章寄給老師，老師看後，寄了一封信說當初真是低估他了。男孩很高興，又看了當初寫得文章，這時才知道以前的文章寫得真的很差勁，雖然以前認為那些文章寫得不錯。

男孩不斷累積文學功力，二十年後才能成為出色的大作家。就像我們，小時候總覺得自己寫得很棒，現在回過頭去看才發現，當時寫的真是太幼稚了。畢竟隨著年齡的增長，我們的文學功力在加深，只有不斷去累積，積少成多，才能寫出更深厚的作品。

不斷去加深自己的文學功力。文學功力的累積是無止境的，只有這樣才能達到更高峰。

不知道累積文學功力的人，他們是難以寫出好作品的，因為他們不知道「只要功夫深，鐵杵磨成針」。時間會證明，我們寫出的作品會越來越優秀。

小結

文學功力不是一朝一夕可以練成的，只有去累積才能進步，才能達到文學的高峰，讓別人難以超越。要是我們不去努力或者自滿自足的話，有可能會被別人淘汰，如果你不去進步，未來別人可能會超越你。

招數70　看清合約再決定

一本書出了問題，要以合約為依據進行處理。要把合約看清楚，不要隨隨便便就簽下去，一旦簽字，合約就成立了，當我發現問題的時候，已經來不及了。畢竟合約具有法律效力，再不合理，我們都得執行。

怎麼這一點就成了致命問題呢？

一個作者和一家出版社簽訂了合約，裡面的合約期限是十年。但作者和其他的出版社簽訂合約時，期限都是五年，他沒注意到合約期限。就這樣五年過去了，作者把這本書授權給另一家出版社，卻引來了法律糾紛。

要知道在法律面前合約就是證據。一旦合約成立，我們想反悔也來不及了。

有一個作者，他寫了幾本書，一個書商要以每本書兩萬五千元的價格買斷他的那些書，作者同意了。可是一年快過去了，那些書還沒有上市，作者也沒有收到稿酬。作者生氣極了，找到那個書商說：「都快一年了，你怎麼不給我稿酬啊？那些書你什麼時候出我不管，但你首先得給我稿酬啊，沒有稿酬我怎麼生活啊？」書商說：「稿酬是在出版後付清，現在還沒有出版，怎麼能付清呢？」作者很生氣說：「都一年了，你還沒有出版，能怪我嗎？」書商說：「你的書籍需要較大幅度的修改，我們也想盡快出版，可是一直出不來啊！」

作者和書商產生了不快，是因為他沒有事先看清合約。如果合約上說半年不出就要賠

償，作者有理由可以找書商賠償。只是合約上沒有那個條款，讓作者面對遙遙無期的出版，只能氣得跳腳。

很多時候，出現了問題就是因為合約上含糊其辭，或者沒有那個條款。我們當初簽訂合約時以為無關緊要，但出現了問題就是大問題了，我們有理也說不清。

有的人說，有了合約，看清了合約就會沒事嗎？也不一定，說不定對方不承認那個合約，或者毀壞那個合約，也會讓我們大費腦筋。

一個作者到一家公司上班，公司說每月給他二萬八千元的薪水，年底還有獎金，便和作者簽訂了合約。不過作者每月實際拿到的薪水不到兩萬五千元，他仍然相信那份合約。過了一段時間，薪水仍然很低，作者很生氣，找到老闆說：「你怎麼不按照合約發放薪水啊？」老闆很歉意的說：「公司經營不好，我也沒有辦法啊！」公司經營不好不是我的錯，但不能不發薪水啊！」老闆說：「如果你處理的作品賣得好，公司就會賺錢，只是你處理的作品都賣得不好，公司怎麼給你薪水啊！」作者很無奈，就跳槽到了另一家公司。

這裡作者可以起訴這家公司，但是法律過程曠日廢時，這時候也只能摸摸鼻子，走流程爭取權益。

一個靠寫作為生的人和一家公司簽訂了合約，但後來合約讓老闆收去了。迫於生存，這個人只好忍著，只是待遇遠遠不如說的那麼好，這個人想反抗，但沒有合約很無奈，只好離開這家公司。

在別人和我們簽訂合約之後，需要保存好它。以免丟失，或者被對方收走，當問題發生時，我們沒有合約，對方手上有，只能任憑他說話。

我們需要保留好合約，將來出問題時以合約為依據。而在簽合約時要看清合約的條款，以免讓對方有機可乘。一旦問題發生，言語是無濟於事的，只有合約才是證據。

小結

合約很重要，我們不能隨便簽合約，需要看清裡面的條款，一旦出了問題，合約是唯一的依據。要是合約出了問題，蒙受損失的會是我們，因為合約是由對方制定的，對方可沒有那麼單純。合約本該保護你的權益，別讓它反過來害了自己。

招數71 一稿不能多投

有一點我們要了解，在寫了一部作品之後，不可以同時在兩家出版社出版。我們需要恪守誠信，這是做作家的基本修養。不可以為了一點稿費就一稿多投。一旦惡果發生，蒙受損失的不光是兩家出版社，而有可能是讀者對你的信任，想當然，那兩家出版社以後很難會和你合作。我們何必要到如此的處境呢？

誠信是做人的準則，在我們簽約一本書稿之後，就不要再把它賣給另外一家。就算另外一家的稿費可能更高，一旦我們和前一家簽約了，就應該守信。不守信用的作家很少會有人願意和他合作的，守信用的作家才會贏得出版社的信任，才能有更多的合作機會。

一位青年作家辛辛苦苦寫了一本文稿，他滿懷希望把那本稿子投向了出版社。一個月後，有一家出版社對他的文章有興趣，要買斷他的作品，作家就同意了。原以為此事就此結束，可是又過了幾個月，其他另外幾家出版社，也相繼要簽約這本文稿，而且他們的價格一個比一個高。作家告訴他們，即便他們給的稿費高，但他已經把那本文稿賣給了別家，不能再賣了，況且這另外幾家出版社的回覆，都遠遠超過了三個月。這幾家出版社聽說，沒有責怪這位作家，反而對他的誠信大加佩服。一個月後，作家簽約的那家出版社知道了這個情況，自感有愧於作家，讓他再寫了一部作品，用很優厚的稿酬買下了這部作品。

作家因為誠信，把文稿以低廉的價格賣給一家出版社後，就沒有再動搖，而那家出版社

招數 71　一稿不能多投

知道他守信用，不會為了稿費見異思遷，當然會給他良好的待遇。

我們需要做到這一點，若合約成立就不能違背，即便其他的人給我們的待遇更高，我們也要守信用。要知道一旦一稿多投，產生的問題就不可遏制了。

很多時候，當類似的兩本書內容相近時，兩家出版社將會找到你，而且都會對你不滿，甚至會起訴你，讓你偷雞不成蝕把米。更有甚者，別人知道你不守信用，葬送自己前程。

有一位作家，他寫了一本文稿賣給了一家出版社，這家出版社給了他一定的稿費，可是過了幾個月，他又把這本文稿修改了一下，賣給了另外一家出版社。原以為萬事大吉，但沒有想到那兩家出版社內容偏偏重複了。他們同時找到這個作家，讓這個作家很難堪，不光失去了信任，這兩家出版社以後也不再會和他合作。

這個作家為了一點稿費一稿多投，想當然會產生不良的後果。這是說我們真的不可以一稿多投嗎？還是有一些例外！同樣的文稿在不同的出版社出版，要讓彼此的出版社達成協議，釐清合約內容，如果原合約允許出版，才可以進行下一步。要是自以為神不知鬼不覺，背著他們賺了全部的稿費，後果將不堪設想。

如果出版社只購買了中文版權，你就可以把其他的語種版權賣出，畢竟寫了一本書花費了你很多時間，你寫了那本書就讓越來越多的人認識你。在出版社沒有以合約限定其他語種的情況下，遇到了機會，何不大展身手呢？

不要犯「一稿多投」的錯誤，就不會給自己也給別人帶來嚴重的損失。

小結

大部分時候，一稿不能多投，但有時候為了發展，我們要看清楚合約。在合約規定的情況下，英文版不同於中文版，臺灣版不同於法國版，我們需要知曉這一點，和出版社達成共識，以便自己及早贏得別人的認可。

招數72　是自費還是公費出版

作家寫出來的作品往往用兩種形式出版，一是自費，一是公費。那麼何為自費，何為公費呢？簡單的說，自費就是自己掏錢，公費是出版社付你稿酬。

一開始就公費出書是很難的，因為出版社認為我們的書籍的銷量不夠好，也就是說前景不夠樂觀。此種情況下我們是要相信出版社，還是另尋出版途徑？

往往讓我們自費出書的，並不願意銷售我們的作品，我們可以繼續尋找出版社，說不定下一家就可以公費。

浩浩是一個業餘寫手，他寫了一本書，希望能出版。而剛投稿的時候，有的出版社就回覆說，請他自費出版。浩浩想出書，可是他沒有資金自費出版，只好繼續去找其他的出版社。就這樣先後有幾家出版社讓他自費出版，到最後，終於有一家出版社願意公費出版他的作品。

想自費出版要有巨大的資金投入，我們去哪裡弄資金呢？在我們還不是富翁之前，需要公費出版自己的書籍，當然要和出版社談妥一切，要盡量拿到高的稿酬。

那些自費出版的書籍並一定銷量不好，有時候他們自己賣書，要比出版社發行效果要好得多。只是他們要有時間去賣自己的書，才能既賺了錢，又能推銷自己。

有一位年輕的詩人，他自費出版了一部詩集，就到全國各地去賣。雖然日子過得很艱

苦，但不到兩年的時間五千冊詩集都賣完了，而且有很多的人認識他。詩人不但賺了錢，還贏得了名氣。

在我們自費出版書以後，就需要了解，是否有那個時間去賣自費的書，當然也要有一定的銷售管道，這樣才不會虧本。

而有些人自費出書，是他們心甘情願，因為他們有自己的發行管道，並不需要依靠出版社。

對於一般作者而言，很少有自己的發行管道，如果只能自費出書的話，就需要自己去推銷了。畢竟是自己的書籍，只有作者主動出擊，銷路才可能更好。

總之無論是自費出書還是公費出書，我們都需要了解，到底哪一個最適合？例如：需要稿酬就要公費出書，有發行管道就要自費出書。

了解這些，我們雖然能出的書不多，但能賺到更多的稿酬，而且不一定會為生計擔憂，說不定能好好的創作下一本書。

一個自費賣書的人告訴記者，他之所以自費出書，是因為到全國各地去賣書，能增長他的見聞。這樣當這一本書快要賣完的時候，下一本書就可以出版了。

這個人出書有自己的觀念，也值得我們去學習。試想，自費出書，可以去好多地方，增長自己的見聞，何樂而不為？

所以無論是自費還是公費，需要事先考慮清楚，只要能使自己獲得最大的好處就行了。

小結

自費和公費沒有多大的差別，但我們需要去了解。只有正確了解自己出書是公費還是自費，我們就能選擇到最好的出書途徑，讓自己出好書賺大錢。

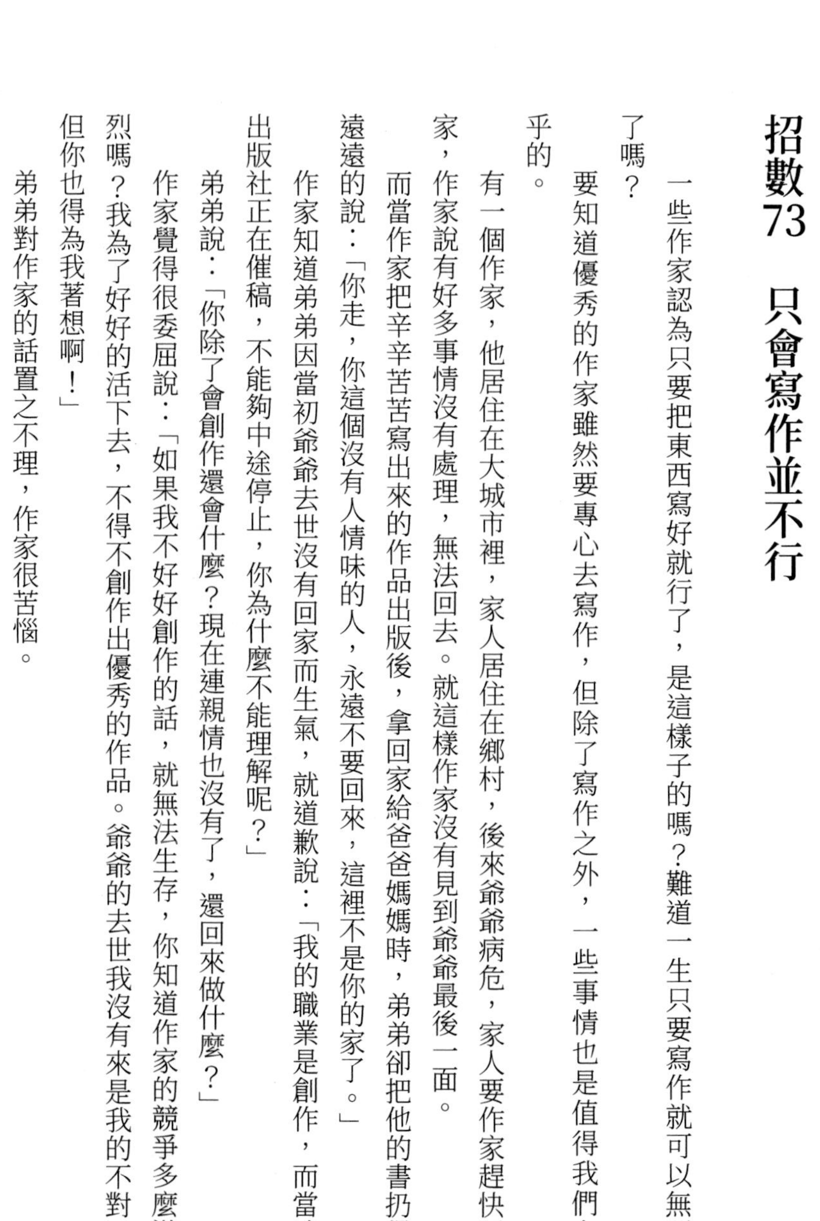

招數73　只會寫作並不行

一些作家認為只要把東西寫好就行了，是這樣子的嗎？難道一生只要寫作就可以無憂了嗎？

要知道優秀的作家雖然要專心去寫作，但除了寫作之外，一些事情也是值得我們在乎的。

有一個作家，他居住在大城市裡，家人居住在鄉村，後來爺爺病危，家人要作家趕快回家，作家說有好多事情沒有處理，無法回去。就這樣作家沒有見到爺爺最後一面。

而當作家把辛辛苦苦寫出來的作品出版後，拿回家給爸爸媽媽時，弟弟卻把他的書扔得遠遠的說：「你走，你這個沒有人情味的人，永遠不要回來，這裡不是你的家了。」

作家知道弟弟因當初爺爺去世沒有回家而生氣，就道歉說：「我的職業是創作，而當時出版社正在催稿，不能夠中途停止，你為什麼不能理解呢？」

弟弟說：「你除了會創作還會什麼？現在連親情也沒有了，還回來做什麼？」

作家覺得很委屈說：「如果我不好好創作的話，就無法生存，你知道作家的競爭多麼激烈嗎？我為了好好的活下去，不得不創作出優秀的作品。爺爺的去世我沒有來是我的不對，但你也得為我著想啊！」

弟弟對作家的話置之不理，作家很苦惱。

只會寫作的話是不行的。有好多事情不得不去做，是你的責任，也是義務。

小結

作家不能只會寫作，需要去接觸其他的生活，這樣才能好好的在社會上生存下去，否則會讓別人誤解，讓你有理也說不清，痛苦難堪。

招數74　記下隨時可能的念頭

有時候我們有一個好點子想去寫，但當我們想要回想的時候，已經想不起來了。記錄隨時可能冒出來的念頭，說不定將來就有用，要是我們不去記，就算將來有用，也無法用得上了。記下來，說不定將來某一天就能用到。

一個大作家把家裡差點沒翻過來，妻子看到了，很驚訝的問：「你是在找什麼呢？」大作家說：「我昨天記的一些念頭寫在紙上，不知放在哪裡了？」妻子說：「是記在一張方格紙上嗎？」大作家說：「對啊，妳見過嗎？」妻子說：「我以為它沒用，拿去墊便當了。」大作家一聽，馬上找到那張紙，很高興的回到書房裡去創作。

記下隨時可能的念頭，現在看是用不到，但說不定將來的某一天就用到了。保存好，總是利大於弊的。

小結

記下隨時可能的念頭看似現在用不上，但說不定將來就能派上用場。

招數75　具有不可替代性

一位出版社的主編和一位作者談話。主編說：「我可以用你的作品，也可以不用你的作品。」作者說：「為什麼？」主編說：「你的作品有可替代性，也就是說，我不用你的作品，用別人的作品同樣可以。」「那麼，如何有不可替代性呢？」

「你寫出的作品要讓別人一眼看到就是唯一的，而且知道那部作品是你寫的。就像是我們去買衣服，衣服具有可替代性，我們不買這一件，可以在下一家買另一件。圖書就不同了，要具有不可替代性，否則只會被淘汰。」

「哪些是不可替代的作品呢？」

主編說：「說簡單些吧，別人無法超越的就不可替代。例如：《紅樓夢》、《西遊記》、《三國演義》、《水滸傳》等，一提到這些作品，人們就知道是誰寫的，就知道裡面是什麼內容。只有不可替代，別人才不會把你淘汰。一提到金庸，我們就知道他是一個武俠大師，一提到《射雕英雄傳》，我們就知道是金庸的作品。」

只有不可替代才有發展的空間。就像是買衣服，如果同類的衣服很多，我們可以任選一件，要是只有一件我們就只能選那一件了。

不可替代性能使我們更具有自己的特色。試想，一提到某個人，別人就知道是誰，一提到某個作品，別人就知道是誰寫的，多麼幸福啊！

經典無可替代，雖然有很多人去模仿，卻難以超越經典。寫出經典的作品，能使我們的地位不會動搖。

一旦我們的作品具有不可替代性，我們也可以成為不可代替的作家。

小結

作家需要有不可替代性，前提是作品具有不可取代性，這樣別人才難以將你超越，你才有你獨特的地位。要是隨隨便便就可以被別人代替，他就不算是一個優秀的作家。優秀的作家能經得起時間的磨礪，在時間中會變得越來越穩固而不會被替換。

招數 76　寫作是第二職業的活法

寫作雖然會收入頗豐，但要知道一開始我們寫得作品很多，稿費卻很低，好不容易稿費高了，我們的作品卻寫得少了。

我們不一定能靠寫作一輩子，而很多人光靠寫作是無法生存的，這時候就需要找到第二種生存的途徑了。

雖然不可以放棄寫作，但不能把寫作當作唯一的依靠，畢竟只有生存才能寫作。此種情況下，我們可以把寫作當成第二種職業，把那種維持我們生計的當作第一種職業。

我們需要了解第一種職業和第二種職業之間的差別，寫作已經不是最重要的，因為光靠寫作我們無法活下去。在有了第一種職業之後，寫作就是第二種職業了。

有一個年輕的才子一直想成為作家，他也為此拚命努力著，可是三年過去了，他曾來沒有拿過稿費，曾來沒有見過自己的作品出版。年輕的才子不能再這樣下去了，他需要生存。於是他到一家咖啡廳裡去應徵。經理知道了他是一個才子後問：「你會全心全意做咖啡廳的工作嗎？」年輕的才子說：「會！」

「那麼，你最熱愛的是什麼？」年輕的才子毫不遲疑說：「寫作。」看來你足夠真誠，你先在咖啡廳裡工作一段時間，如果覺得可以你再留下來，如不適合你只好去另謀其他的工作

了。「年輕的才子答應了，在咖啡廳裡認真的工作。

過了很久，經理也沒有見到年輕的才子寫作。經理很納悶，走過去問：「你不想寫作了嗎？」年輕的才子說：「寫作無法生存，我現在只想把工作做好，等將來想寫了再寫。」經理說：「你平常下班後在做什麼？」年輕的才子說：「待著！」經理說：「你怎麼不寫作呢？」年輕的才子說：「寫作已不再是我的第一志願。」經理說：「如果你現在放棄的話，你就不能成為大作家了，畢竟現在你已經可以活下去，關鍵是你要繼續創作下去。」年輕的才子答應了經理。

後來年輕的才子果真成為了大作家。他成名後，非常感謝當初在咖啡廳時經理對他的鼓舞。

年輕的才子把寫作當成了第二種職業，要是不去寫不會成為大作家，還好得到了經理的鼓勵，他才能堅持下去。

我們要知道現在的職業，雖然不一定是寫作，但如果能維持生計，我們也需要堅持寫作。

不過有的人就說，寫作是第二種職業，何必去在乎呢？況且寫作不能讓自己吃穿不愁，不如做好第一種職業，無憂無慮，何必要顧慮到那麼多呢？

我們的遠大理想是作家，如果現在就放棄的話就達不到了。而我們也不能把第一種職業和第二種職業混淆，因為只有生存才能寫作。我們第一種職業只是為了物理上的生存，第二種職業是為了精神上的生存。

一個想成為大作家的青年在飯店裡工作，但是他不甘於一輩子過這種生活。於是在休息的時候，他就看書、寫作。就這樣日子一天天過去，這位青年出版了幾部書，而且因為這幾部書改變了他的命運。

他現在不再是一般人了，而是一個專職的作家，贏得了別人的尊重。

第一種職業雖然會讓我們生活下去，但它不能擔保我們一輩子活得精彩。第二種職業，帶給我們心靈上的豐滿。

只知道解決溫飽的人沒有夢想，沒有目標，只會一輩子為了吃穿擔憂。試想，人總不能天天不是吃就是睡，他還有其他的追求，要是我們衣食無憂之後，是否還會滿足這種生活呢？

小結

每個人都需要生存，作家也是如此，在寫作無法讓自己生活下去的時候，我們就可能做了其他的工作，但不要忘了寫作。這時候可以把寫作當成業餘愛好，當作第二種職業，只有這樣不和寫作脫離關係才會成為大作家。否則永遠不再寫作，只顧著生活，就永遠不會成為大作家。

招數77　整理以前的作品

很多時候，我們以為過去寫的作品沒有一部令人滿意，所以往往在我們寫過之後就置之不理。我們也希望它們可以出版，只不過是好久以前寫的東西了，不知道它們是否能夠得到讀者的認可。

懷著這種心態，大部分的時間是在猶豫，我們就錯過了作品得以發表的機會。

有的作品，我們可能一生都見不到它面世。就像是有很多偉大的作家，在他們去世之後，他們的親人、朋友才去整理他們的作品，使那些作品得以發表，他們才能功成名就。只可惜他們再也看不到自己的作品被讀者閱讀了。

而我們以前的作品不一定比現在寫得差，說不定也是優秀的作品。就像歌德，他二十四歲時就寫出了世界文學名著《少年維持的煩惱》，還有唐朝的詩人王勃，他以少年之姿寫出千古名篇〈滕王閣序〉。

這就是說，我們以前寫得作品可能是很優秀的，關鍵是我們要去整理，才能使以前的作品得以發表。

有一個愛好寫作的年輕人很苦惱，他不知道什麼時候可以自己出書。一個作家問他：「你寫過作品嗎？」當然寫過，而且寫了很多。」「那麼，你為何不出版那些作品呢？」年輕人說：「那是我以前所寫，寫得不好，不敢拿出來出版。」

招數 77　整理以前的作品

作家說：「你這樣不行啊，那些作品必須要出版，這樣你才能知道自己的實力。」年輕人說：「我怕出版了會被別人嘲笑。」作家說：「如果你不出版誰知道是你寫的呢？」

年輕人聽從他的話，回家後把那些作品整理好，然後投給出版社。而他的那些作品順利出版，且贏得了讀者的好評。年輕人大受鼓舞，寫出了更多好作品。

成名後，一個讀者問他：「為什麼你第一次出版的作品和第二次出版的作品之間相差的時間那麼短啊？」年輕人說：「第一次寫的時間太早，第二次是在第一次作品出版的時候寫的。」那個讀者問：「你覺得那兩部作品哪部比較好？」年輕人想了一下說：「當然是第二部了。」讀者聽後，搖搖頭說：「我倒覺得第一部更出色，因為裡面有你多年的精華，雖然是你很久以前的作品了。」

以前的作品，並不是一篇文章，可能是很多篇。就像是一部散文集，只要有一篇散文出名，讀者就會記住那部散文集了。

我們不需要妄自菲薄，以前的作品雖然難以像現在的優秀，但說不定就會比現在的優秀。

在以前的作品沒有得到世人的認可之前，我們需要使其得以出版，讓世人來評價它的優劣。只有這樣我們才能知道以前作品的價值，才不會淹沒自己以前的作品。

有一個作家，他出了很多書，到了中年的時候，已經是赫赫有名的人物了。而隨著年齡的增長，作家創作的速度越來越慢，他很長一段時間才能出一本書。這時候他的朋友問他：

「聽說你還有以前的作品沒有出版，是真的嗎？」作家笑著說：「的確那是我少年時的作品了。我想一輩子都不能將它出版了。」「為什麼？」「當然是寫得不夠好了。」「你要是不出版的話，誰也不知道你寫了那部作品，說不定別人會覺得它是好作品呢，關鍵是你要讓讀者看到它。」

作家把少年時的那些作品整理好，就找到出版社出版了。雖然沒有現在寫得作品好，但其中有些文章深得讀者喜歡。作家也因為那部作品成了讀者心目中的「少年天才」、「老年英才」。

我們不需要否定以前的創作能力，說不定以前的就是好作品。只有讓讀者見得到，才能評價那部作品的優劣，才能展現它的價值。

小結

不要去懷疑以前的創作能力，並不是現在的作品一定比以前的優秀，說不定以前的比現在的還優秀呢，關鍵是我們要去整理，讓讀者去評價優劣。

招數78　電腦不能隨便借別人

電腦有我們最重要的東西，我們要保存好，不要輕易讓別人看到。每個人都有隱私，如果你把你的電腦隨便借給他人，你的那些隱私就可能不是隱私了。

電腦如同承載了我們整個生命，一旦他們把我們電腦上的資料洩露了，造成的損失誰來負擔？我們可能會痛哭流涕，辛辛苦苦寫出的東西成了他人嫁衣裳，或者好不容易寫出來的內容成了泡影，這時候問題發生了是難以挽回的。

電腦上有我們寫作的全部資料，如果別人一不小心，就可能把那些資料刪掉了，或者偷窺了那些資料讓我們的隱私洩露。

有一位作家，他在電腦上創作。夏天的時候，表弟到他家裡做客。表弟在作家家裡住了一段時間，覺得生活無聊，就對作家說：「表哥，你有沒有電腦？我想玩遊戲。」作家說：「有，但無法玩遊戲。」表弟說：「我不玩遊戲，我上網也可以。」

「可是那臺電腦是我的寶貝，我不輕易借人的。」

表弟很生氣說：「你太小氣了，我只是上網你也不願意，又不會把你的電腦弄壞，太小氣了！」說完表弟嗚嗚的哭著跑出去了。過了一下，作家的媽媽找到作家說：「你表弟是個小孩子，你就不能順著他嗎？」

作家說：「我的電腦不能隨便給別人用的。」媽媽說：「表弟不是別人，他是一個小孩子，

上上網而已，對你有什麼損失？」

作家說不過媽媽，只好給表弟上網了。

就這樣表弟在作家家裡又住了一段時間。當表弟走後，作家終於可以全身心創作了，可是他發現電腦上的很多東西不見了，而且也出現了不知名的電腦病毒。這時候作家才知道是表弟做的。重要的資料丟失了，該怎麼辦呢？作家很懊悔。

這裡有的人會說作家很小氣，表弟畢竟是一個小孩子，但他把作家辛辛苦苦寫出來的內容弄丟了，誰來負責這個損失？把電腦借給了別人，就很難保證我們電腦上的資料不會出現問題。

不要讓別人動用我們的電腦，只有自己最清楚電腦上的資料，萬一被別人弄亂了，只有我們自己能處理。特別是別人把我們的資料弄丟了，更讓我們傷腦筋。

小結

自己電腦上的資料只有自己最清楚，把電腦借給了別人，不能保證別人動用我們的那些資料，而那些資料是我們用來維生的。保護好自己的電腦。

招數79　幫自己放個長假

作家是自由的，不必整日關在屋子裡。作家是自己的老闆，要懂得什麼時候休息，什麼時候寫作。作家可以一連幾個月都在屋子裡寫作，也可以一連幾個月都在外面遊玩。關鍵是要給幫自己放假，而這個假期往往需要一段時間。

在幫自己放個長假時，作家可以完成一些願望。例如：到外國居住一段時間，去鄉下旅遊。這段假期看似漫長，但能陶冶他們的性情，使他們得到放鬆。

人生短暫，我們不可能總在創作，需要外出走動。而我們不同於其他的職業，在別人旅遊的時候我們可以寫作，而在別人工作的時候我們可以幫自己放個長假。去做尚未實現的心願，哪怕和寫作毫無相關，只要我們在假期裡得到放鬆，我們會感到心滿意足的。

試想，除了寫作之外，我們還能好好享受，何樂而不為呢？要是我們只知道關在屋子裡，時間長了，就可能被別人認為是書呆子了。

善待自己，幫自己放個長假，可以使自己變得有活力，哪怕在外面度過一段很短的時光也能改變我們的心境。

有一個作家，他寫作了很長一段時間，變得面黃肌瘦。朋友嚇壞了，對作家說：「你到外面活動一下吧，不然再寫下去就變成殭屍了。」作家說：「我想需要出去走走了。我想到花蓮看一看，看看那裡的山到底有多綠，那裡的水到底有多清。」朋友說：「這就對了，你盡量

出去玩，我保證你在外面一段時間後，就不會像現在這樣無精打采了。」作家就告別朋友，踏上了花蓮之旅。

作家曾來沒有見過那麼美麗的山水，他盡情陶醉在其中。

很快一個月過去了，作家返回家中，看到他生龍活虎的樣子，朋友高興的說：「我說的對吧，你幫自己放個長假，改變了你自己。」作家說：「我在外面休息的時候無所顧忌，想做什麼就做什麼，玩得很開心。」朋友笑著說：「這就對了，以後要記得及時幫自己放個假，這樣才不會被寫作影響身體，才能好好的寫下去。」

我們不一定要成為書呆子，不一定要讓別人一看到我們就覺得我們呆頭呆腦，那樣雖然別人知道我們有知識，但一副病懨懨的樣子，不知道的人還以為我們生病呢。

幫自己放個長假，有助於我們改變當下的狀態。當寫作精疲力盡的時候，不妨幫自己放個長假，到其他的地方好好生活一段時間，會讓我們獲得很多好處。這不是浪費時間，不是去遊玩，而是在調整我們自己的狀態。

小結

作家並不一定要一直寫作，他也需要休息，這時候需要給自己放個假。這樣能改變現在不好的狀況，會有新的轉變，也能讓自己好好的創作。

招數 80　過河不能亂拆橋

作家們的生活往往是清貧又寂寞的，可是他們又不甘於這種生活，他們總希望有一天能成為大作家，出人頭地。

在沒有成為大作家之前，他們用各種途徑，希望能早日得到世人的認可，因此會得到很多人的幫助。在別人幫助我們成功後，不可過河拆橋，畢竟別人曾經幫助我們，我們不可在成功後就把別人完全拋諸腦後。

有一位作家一直想出人頭地，可是他遲遲等不到那一天的到來。這位作家很焦急，就找一家公司幫助自己。這家公司抱著嘗試的態度，沒想到這位作家就成名了。成名後，作家和這家公司的關係卻一刀兩斷。公司承受不了打擊，就找經紀人和作家談判。經紀人說：「我們當初幫助你，你現在功成名就了，可不能忘了公司的恩情啊！」作家說：「你們是幫助過我，但現在情況不同了，我不再需要你們的幫忙，況且你們當初是心甘情願的，萬一我無法成功，你們不是會嘲笑我嗎？」經紀人說：「現在的情況是你已經成功了，既然這樣就不能忘了根基，不能過河拆橋，我們公司最近有一個方案，想讓你來做，不知你意下如何？」作家說：「對不起，我已經簽約了別的公司，不能再幫其他的公司辦事了。」經紀人說：「我們曾經為你付出了那麼多的努力，你都置之不顧嗎？」作家說：「已經是過去的事了，現在再提已經沒有意義了。」經紀人很無奈也很生氣，但只好離開。許多年後，作家因為意外牽涉

到了法律，需要前一家幫助他的公司提出書面證明，他才能解決這次問題。於是作家匆忙的找到了那一家曾幫助他的公司。接待他的人仍然是那個經紀人。作家說：「我現在需要你們提供資料給我，拜託了！」經紀人說：「你已經和我們沒有關係了，怎麼又來找我們了？」作家說：「事出突然嘛……」經紀人說：「在我請求你的時候你怎麼做的呢？怎麼現在反過來拜託我們？對不起，我們無法幫忙。」作家說：「別這樣，我以前錯了還不行嗎？」經紀人說：「一旦過河拆橋，想走回頭路都來不及了。」作家再三的道歉，經紀人還是拒絕了他。

作家因為當初過河拆橋，當他再想回過頭來過橋的時候，已經來不及了，因為那座橋已經被他拆掉了，怎麼能再通過去呢？

別人曾經幫過我們就要感恩，不要等到自己需要幫助的時候再來找他們，那很自私！就算我們不再需要他們的幫助，也不能對他們置之不理。而且說不定某一天，我們又會再一次需要他們的協助。

所以過河不能亂拆橋，以免後悔都來不及了。

小結

過河亂拆橋的人會讓別人不齒，會切斷自己的後路，當某一天再想返回的時候已經來不及了。別人幫助我們要心存感恩，當別人尋求我們的幫助時也要予以幫助，這樣才不會某一天被別人孤立。

招數81　有理時放人一馬

有一個作家寫了幾本書，和一個書商簽訂了出版合約。可是後來書商只出版了其中的幾本，剩下的一本，作家只好另找出版社。然而在作家找到另一家出版後，那個書商把當初退稿沒有簽合約的那本書出版了。為此有了一場糾紛，而這場糾紛的錯誤是在那個書商。

作家的朋友說，要好好坑書商一把。作家說：「我不能這麼不道德，畢竟他幫過我出過書。」作家的朋友說：「他把你那本書退回，解除合約，卻出版而沒有再簽約，當然是他們的錯，而且給你造成了一定的損失，你當然要好好坑他們一把。你寫書不也是為了賺錢嗎？從那個書商裡你能得到很多，怎麼能錯過這個機會呢？」作家說：「的確是書商的錯，但我又不缺錢，得到了很多錢有什麼用呢？」作家的朋友說：「你真是太頑固了，不去抓住這麼好的機會，要知道那個書商一開始跟你簽合約，後來又解除，而又出版沒有再簽合約，給你造成了多麼大的損失你知道嗎？何必要放他一馬？」作家說：「我的確有理，他也不值得原諒，但我還是決定放過他，既往不咎。」作家的朋友說：「你真是太傻了，這樣會少掉很多『錢途』的。」作家說：「不一定。」

幾個月後，書商又要了作家的另一本書，當然是以高價購買的，作家並沒有少掉『錢途』。

作家有理放書商一馬，書商會覺得很愧疚，當然會再合作一次來報答作家對他的恩情。

我們要有理時放人一馬，不可非要置別人於死地。要知道即便我們得到了利益，也只是暫時的。一旦不放過別人，我們就可能損害將來的前途。他可能就不再給我們機會，就可能不是我們的合作夥伴而是敵人了。

人生在世，何必要樹敵呢？他們雖然有錯，我們也有理，但不可得理不饒人，畢竟他們不是我們的死敵，必要時要放過他們。這樣是給別人方便，也是給自己方便。

當然做到了這些，我們就是大度能容的作家了。試想，未來還可能有不好的事情發生，我們需要對別人寬容，要是得理不饒人，往往會和對方結下不快，而當對方有理了，也會不饒你。

我們不需要處處樹敵，敵人多了，路就難以走下去。

而當我們有理的時候，需要放過他人，因為我們不計較，就對別人有恩，別人會感激，在我們將來需要的時候，他可能會幫助我們，也不會和我們計較。

所以放過別人，是給別人方便，也是給自己方便。只有不計較，別人才會感恩，將來才有可能也不向你計較。

小結

不要太過計較。這樣將來當他們有理時也可能會放過我們。要是我們現在咄咄逼人，只會處處樹敵，所害自己將來的前途。

招數82　少接觸和你敵對的人

雖然作家不可能像戰場上那樣彼此算計，但難免會有矛盾或敵人。作家要正確處理好這層關係，不能太容易得罪人，要知道一旦敵人多了，路就難走了。

作家需要養成大度寬容的胸懷，在與敵人針鋒相對時，需要微笑面對。而作家的敵人，除了是同行的競爭者外，就是那些對自己不利的人。

我們何必要計較那麼多呢？要知道作家的任務是創作，而不是彼此心懷鬼胎，只要對別人寬容，別人也會化干戈為玉帛的。

有兩個作家，他們同行多年，卻因為私人的利益產生了糾葛，彼此不相往來。他們成了一輩子的敵人，永遠不會再見。然而有一位作家因為得罪了另外的一個作家，那個作家的朋友向當初和他發生衝突的作家請求幫助，但是被拒絕了。朋友懇求說：「就幫他一次吧，雖然你們曾經對對方恨之入骨，但總不能讓這些不快伴隨終生吧，如果你現在幫他說不定他會感恩，和你成為朋友呢。」這位作家說：「我一輩子都無法原諒他，他也不會原諒我，我們已經從志同道合變成了敵人，他現在得罪了別人，我當然應該慶幸，何必要幫他呢？再說我們已經好多年不相往來，就算我去幫助他，好人沒好報，我何必要自討苦吃呢？」那個作家的朋友說：「他以前把你視為敵人，可能和你之間有著剪不斷，理還亂的糾紛，如果你現在去化解說不定他會與你重新和好。這樣你幫助別人不是為自己積德嗎？何必要置之於不顧

呢？」這位作家說：「你回去吧，我不會幫的。」那位朋友很氣憤說：「你再考慮一下吧，希望你們能夠重歸於好。」然後就離去了。

在那位朋友離開之後，這個作家仔細想了想，其實他以前的那個敵對作家也不錯，何必要和他一直糾結下去呢？況且往事已成煙雲，即便曾經有矛盾，不去化解的話，怎麼能改善兩人之間的敵對關係呢？而且說不定這些年來，對方也可能有愧於心，畢竟是同行，何必要成冤家不來往呢？

這位作家想了很多，最終決定要幫那位作家。

於是這位作家出庭作證，終於讓他得以釋放，而且也向他得罪的人賠禮道歉。

那位作家如獲新生，得知是這位作家幫助了他，深感愧疚，負荊請罪，請求這位作家的原諒。這位作家原諒了他，他們終於重歸於好，化解了多年的矛盾。

兩位作家因為當初的利益產生了糾葛，成為了仇家。但事情已經過去，隨著時間的推移，他們總不能激發那些矛盾，需要靜下心來想一想，是否錯怪了對方，然後才能重歸於好。

沒有絕對的敵人，關鍵是我們是否可以大度一些，化解彼此之間的矛盾。

不過有的人就說，那樣不是讓敵人得逞嗎？何必要向他們道歉呢？況且當初犯錯的是他們，何必要委屈自己呢？

的確有時候一些人不值得原諒，我們和他們一輩子都不願意再來往。但人就這一輩子說不定某一天他就離開了我們，當我們想起來的時候發現是自己錯了，可他已經不在了人世，我們欠下的情該怎麼償還呢？

幸好他現在還健在，無論是誰的錯，只要主動去化解，還是會有轉機的。

有時候把對方視為敵人，但對方真的需要我們憎恨嗎？特別是在有一些事情沒有弄清楚之前，一旦水落石出，我們就會後悔曾經的固執，不過有時後悔已經來不及了。

我們從現在開始，不能處處樹敵，即便有了「敵人」，我們只可少和他接觸，但千萬不可讓矛盾越來越惡化，說不定錯的不是他而是自己。

隨著時間的推移，那些不快樂會淡化，或許你們互相怨恨最後恨得只是自己。所以在有了「敵人」之後，我們不可和他更加起衝突，可以少和他接觸，一旦真相出爐，可能他不再是我們的敵人，而是我們真正的朋友。

小結

很多人可能都有敵人，但敵人只是暫時的，只要我們少和他接觸保持距離就行了。說不定我們誤會了他，互相贈恨最後只是在恨自己。為了將來不會後悔，我們不需要把現在的敵人置之於死地，說不定他們不是我們的敵人，而是我們的朋友，時間會證明我們是對是錯，他是敵是友。

招數83　把功名利祿看薄

很多時候我們活得不快樂，不是因為我們不優秀，而是我們太注重功名。要知道功名利祿猶如一把雙刃劍，雖然會給我們好處，但也會傷我們更深。

我們需要正確看待功名利祿，功名利祿只不過是過眼雲煙。不要被功名利祿所困，畢竟除了這些之外我們還有更多的東西值得去追求。

看淡功名利祿吧，我們會過得恬然自得，就像是卸下了一個負擔，我們可以輕鬆生活。到最後，我們會了解，功名利祿不是我們的所有，反而是我們的累贅。只有看淡功名利祿，才不會為了追求不到而機關算盡，才能過得快樂。

功名利祿雖然會讓我們滿足，雖然會讓別人為我們驕傲，但到最後，那些功名利祿往往是沒有多大用處的。就算一個作家很有名，有很多財產，如果沒有一本像樣的作品問世，他照樣會被別人所不齒，而他的那些功名利祿也會慢慢變得一文不值。

就像是驢子過河一樣，他只有卸下身上的負擔才能輕鬆過河，否則會被壓得喘不過氣來，而死在河水中。功名利祿就猶如那些負擔，也猶如那些河水，我們要看淡它，不能太過在乎，因為除了功名利祿之外，還有好多東西值得我們去關心。例如：健康、誠信、親情、愛情等。

有一個年輕的才子，他一直希望功成名就，於是他和同行展開了「戰爭」，不是你損我

招數83　把功名利祿看薄

就是我損你。就這樣年輕的才子雖然獲得了利益，但是他的作品不夠優秀，依舊很難有人認可他。年輕的才子就請求別人幫忙，即便幫了，卻達不到他預期的效果。他很生氣，就找到一個頗有聲望的作家問：「為什麼我不能成為大作家呢？要知道我也在拚命創作。」作家說：「不是因為你不能，而是因為你心存雜念，試想，你每天想著功名利祿，哪裡有時間好好創作呢？你不再把寫作當作一種樂趣，而是當作你取得財力的機器，你當然不會創作出好的作品。創作不出好作品，能成為一個大作家嗎？」年輕的才子說：「如果沒有了功名利祿，我不知道自己要怎麼活下去。有了那些功名利祿，我才會感到快樂。」

作家說：「功名利祿只是過眼雲煙，就像是帶刺的玫瑰，雖然看似美麗，但傷害最深。你需要看淡功名利祿，否則是難以成為大作家的。」年輕的才子不相信大作家的話，依舊去追逐它。

就這樣轉眼間年輕人到了暮年，而當初那個給他指點的作家已經不在人世，那個大作家備受世人敬仰，才子卻備受眾人唾棄。他現在才知道縱使金山銀山，不如有一本傳世的作品，只可惜他這一生都在奔波於功名利祿之間，並沒有寫出一部傳世的作品，他這一生永遠也成為不了大作家，才子很懊悔。

功名利祿遲早會消失，而只有經典的作品才會永恆。我們要寫出經典的作品，不能到了才去後悔這一生都在追逐虛有其表的功名利祿。

巧於功名利祿就會無心創作，而只有放棄它，才可以全身心創作。

有一個大作家，他遠離了塵囂，在一片寂靜的樹林中安心創作著。他每天過得很簡樸的生活，感到很快樂。後來他以前的一些員工來找他。有一個員工說：「老闆，你怎麼過起這種生活了？天天粗茶淡飯太委屈你了。」大作家說：「我現在是作家並不是商人，我沒有了當初的心計，並不是老闆，你們不能叫我老闆。」看到他很認真的樣子，那個員工說：「你當初帶領我們獲得了巨大的利益，每天山珍海味，過著自由自在的日子，何必要過這種清苦的生活呢？」作家說：「我剛才不是告訴你了嗎？我是一位作家，不再是巧於爭奪的商人。」員工說：「跟我們回去吧，你會活得很快樂的。」作家說：「我早已拒絕了那種紅塵生活，現在我需要靜下心來創作，希望你們不要打擾我。」說完他回到屋子裡的書房創作去了。

他們也來到了作家的屋子裡，看到裡面有好多書，他們很羨慕，曾來沒有想到「老闆」會成為作家，而現在「老闆」不僅是作家，而且是頗有聲名的大作家，他們不忍心打擾，陪伴他幾天後，就各自回去了。

他不巧於功名利祿，才能成為大作家，否則只是商人。

所以人生在世，難得清靜，就看淡功名利祿吧！只有這樣我們才會有作家的心態，才能全心創作，繼而成為大作家。

小結

功名利祿雖然滿足我們一時的虛榮，但不會成就我們的一生。要知道作家的任務是留下作品，而不是功名利祿。只有看淡它，我們才能專心創作，寫出好作品成為大作家。

招數84　與出色的作家交流

作家很多，有資質平庸也有出色的，我們想成為什麼樣的作家呢？想必很多人都想成為出色的作家，但出色的作家不常有，在我們還不是那麼出色之前，需要找出色的作家交流。看看他們是如何成為出色的作家，學學他們的經驗，會讓我們獲益匪淺。

我們不需一個人獨自摸索，出色的作家會指點我們很多有效的方法。他之所以能成為出色的作家，當然有他的道理。而那些方法，他往往不會輕易告訴他人，這時候我們需要和他細細交流。這樣才能像他一樣取得成功。

不過有的人就說，出色的作家脾氣不好，怎麼和他們交流呢？的確出色的作家往往讓他人覺得他們不可一世，但正是因為那種傲骨，才成就了獨特的他們。我們需要放低姿態，去請教和他們交流，這樣他才可能和我們秉燭夜談。

有一位年輕的才子非常仰慕一位德高望重的大作家，他希望有一天能夠得到大作家的指點。可是他知道大作家脾氣不好，一般的人是難以和他交流的。考慮到這些，年輕的才子就抱著謹慎的態度找到了大作家。大作家說：「你為什麼找我呢？」年輕的才子說：「我也從事寫作，但和你比就差遠了。你是鼎鼎有名的大作家，我不過是沒沒無聞會寫文章的人罷了。你寫得文章可以名垂千古，我寫得文章誰也不想看。」大作家聽了很高興說：「你今天來的目的是什麼？」年輕的才子說：「我非常仰慕你，要是能時刻請教你那該多好啊！如果有你的提攜，我也能寫出好作品。到時候，別人若知道我出色的作品是你指點的，一定更對你大為崇敬。」

從此才子經常去拜訪大作家，把他視為老師，大作家也虛心接受這位「弟子」。就這樣寒來暑往，很多年過去，他深得大作家的教誨，已經能夠寫出優秀的作品了。當然他後來也成為了大作家。

抱著請教的態度和出色的作家交流，畢竟他們是我們的前輩，要出之以禮，畢恭畢敬。這樣他們才會認為我們孺子可教。要是我們不放低姿態和他交流，他往往會認為我們不可一世，不會把成功的祕訣傳授給我們。

有一個年輕人去拜師，師傅問他：「你為什麼要拜我呢？」年輕人說：「聽說你有才華，如果我學了我就更有才華，就可以超越你。」師傅一聽，把年輕人拒之門外。

年輕人沒有成功，是因為他太高傲自大。我們不需要恃才自傲，和出色的作家交流必須放低姿態，要像對待長輩一樣對待他們。這樣他們才會願意和我們交流。

一旦得到了出色的作家的「真傳」，我們就可能事半功倍，就可能及早成為大作家。

小結

我們需要和出色的作家交流，因為他們的學識、涵養遠遠比我們豐富，只有向他們學